SALUD

JOÃO NUNES MAIA

Por el Espíritu

MIRAMEZ

Traducción al Español:
J.Thomas Saldias, MSc.
Lima, Perú, Mayo 2024

Título Original en Portugués:

"Saúde"

© João Nunes Maia, 1982

Traducido al Español de la 3ra edición portuguesa.

World Spiritist Institute

Houston, Texas, USA

E–mail: contact@worldspiritistinstitute.org

Del Médium

João Nunes Maia nació el 10 de noviembre de 1923, en Glaucilândia, ex Juramento, al norte de Minas Gerais. Hijo de Joaquim da Silva Maia y Maria Nunes Maia, la pareja tuvo cinco hijos y Joaquim tuvo otros ocho hijos de su segundo matrimonio. João Nunes Maia fue el segundo hijo de la pareja; desde muy pequeño hablaba solo y sus hermanos lo consideraban "raro."

La mediumnidad salió a la luz temprano, trayendo angustias y aflicciones. Pero João tenía mucho apoyo para su madre, Maria Nunes, que se aferraba a las oraciones. Más tarde, la familia, en busca de ayuda, buscó a doña Lozinha, una curandera muy conocida en la región para ayudar a las personas con diversos problemas.

Nunes comenzó a asistir a las reuniones en la lejana casa de doña Lozinha. Bajo influencia de los espíritus, le advirtió sobre sus tareas futuras y sobre la necesidad de conocer la obra de Allan Kardec. Por correspondencia, encarga los libros básicos de la Doctrina a la Federación Espírita Brasileña (FEB). Con ellos viaja a la Fazenda Brejinho, donde estudia por casi un año. En esa época creó el hábito de meditar al amanecer y al atardecer y, una mañana, tuvo la inspiración que guiaría a la Sociedad Espírita Maria Nunes el lema: Pan y Libro.

El joven Nunes estudió mucho y luchó, desarrollando psicografía, psicofonía, videncia y desdoblamiento.

En 1950, animado por su padre, y ya huérfano de su madre, se trasladó a Belo Horizonte, siendo acogido por su amigo Chico Sapateiro, quien le enseñó el oficio. Posteriormente, se va a vivir al barrio Santa Tereza donde conoce a su esposa, Irene Nunes, con quien tuvo a su hija Alcione.

João Nunes asistía a reuniones espíritas en Pedro Leopoldo, donde conoció al médium Francisco Cândido Xavier, con quien entabló amistad. En un encuentro mediúmnico en la União Espírita Mineira (UEM), se identificó con el espíritu de Fernando Miramez de Olivídeo, su guía espiritual y autor de varios libros psicografiados por Nunes, siendo el primero *"Algunos ángulos de las Enseñanzas del Maestro."*

Conocido por ser una persona silenciosa, João Nunes Maia hizo mucho por el Movimiento Espírita. Alentó, orientó y participó en la fundación de varios Centros Espíritas en Belo Horizonte, Minas Gerais y otros estados brasileños.

Entre sus principales contribuciones se encuentran:

Creación de la Campaña Nacional por el Libro Espírita Libre, en 1958, para lo cual viajó en camiones a lejanas regiones de Brasil con el fin de difundir la Doctrina Espírita;

En 1973, a través del espíritu de Franz Anton Mesmer, recibió la fórmula de la Pomada Vovô Pedro, que cura las dolencias de la piel;

Fruto de su empeño, el 12 de abril de 1955 se crea la Sociedad Espírita María Nunes (SEMAN). Iniciada con estudios evangélico-doctrinales y humilde distribución de sopa a los más necesitados, la SEMAN se ramificó en diversas actividades sociales y permitió, a través de la Editora Fonte Viva, su socia, la edición de 62 libros psicografiados. Se extendieron por Brasil, Portugal, Estados Unidos, España, Japón, etc.

Guio personalmente a cientos de médiums en desequilibrio, y psicografió los 20 volúmenes de la colección de Filosofía Espírita;

Trabajó para que las instituciones espíritas destacaran la calidad de sus trabajadores y participó en la creación del primer programa de radio espírita en Belo Horizonte;

Distribuyó, gratuitamente, en el centro de Belo Horizonte, una edición entera (10 mil volúmenes) de El Evangelio según el Espiritismo, de la FEB;

Fundó e inauguró la Librería Espírita Mineira, de la União Espírita Mineira, a pedido y con la orientación de Francisco Cândido Xavier, y realizó el primer Puesto de Libros Espíritas en Belo Horizonte;

Fomentó la apertura de actividades y Centros Espíritas en lugares que aún faltaban, además de ayudar en la transición de casas de Umbanda a Centros Espíritas;

Además, Nunes Maia fue el primer director doctrinario del Hospital Espírita André Luiz, en Belo Horizonte.

João Nunes desencarnó el 4 de septiembre de 1991. Dejó la continuación de sus ideales en la Tierra a través de la Sociedad Espírita Maria Nunes (SEMAN).

- CORRÊA, Ariane de Quadros. João nunes Maia: Uma biografia. Editora Fonte Viva, 2000.

Tomado de: https://www.uemmg.org.br/biografias/joao-nunes-maia

Del Traductor

Jesus Thomas Saldias, MSc., nació en Trujillo, Perú.

Desde los años 80's conoció la doctrina espírita gracias a su estadía en Brasil donde tuvo oportunidad de interactuar a través de médiums con el Dr. Napoleón Rodriguez Laureano, quien se convirtió en su mentor y guía espiritual.

Posteriormente se mudó al Estado de Texas, en los Estados Unidos y se graduó en la carrera de Zootecnia en la Universidad de Texas A&M. Obtuvo también su Maestría en Ciencias de Fauna Silvestre siguiendo sus estudios de Doctorado en la misma universidad.

Terminada su carrera académica, estableció la empresa *Global Specialized Consultants LLC* a través de la cual promovió el Uso Sostenible de Recursos Naturales a través de Latino América y luego fue partícipe de la formación del **World Spiritist Institute**, registrado en el Estado de Texas como una ONG sin fines de lucro con la finalidad de promover la divulgación de la doctrina espírita.

Actualmente se encuentra trabajando desde Perú en la traducción de libros de varios médiums y espíritus del portugués al español, habiendo traducido más de 320 títulos, así como conduciendo el programa "La Hora de los Espíritus."

ÍNDICE

PRÓLOGO..10

PREFACIO...12

SALUD..15

LEYES NATURALES...19

MÁQUINA HUMANA..22

EL AIRE QUE RESPIRAS..26

EL AGUA QUE BEBES..30

LA LUZ...32

EL ENTORNO EN EL QUE NACISTE 35

LO QUE COMES...38

ACCIÓN DE LOS PENSAMIENTOS..........................41

LA PALABRA HABLADA..44

CULTIVO DE SENTIMIENTOS 47

EL PODER DE LA ALEGRÍA 50

AMOR, REGALO DIVINO 53

EL SOL NACIENTE 56

EJERCICIO MODERADO..59

MEDITACIÓN 62

EL PODER DE LA AMISTAD....................................65

CARIDAD VIGOROSA 68

COMPAÑÍAS ESPIRITUALES 71

CONTAMINACIÓN MENTAL...................................74

SERENIDAD 77

RELAJACIÓN NECESARIA 80
ORACIÓN A LAS ESTRELLAS 83
PENSAMIENTO GENERADOR 86
CÓMO MIRAR EDIFICANDO 89
VIRTUDES ESTIMULADAS 92
AFIRMACIONES SANADORAS 95
DONACIONES CADA DÍA 98
ESCUCHA Y HABLA 101
SATISFACCIÓN DEL DEBER 104
NO HAGAS DAÑO A NADIE 107
OLVIDAR LAS OFENSAS 110
SIEMPRE JOVEN 113
NUNCA TE EQUIVOQUES 116
NUNCA TE QUEJES 119
APRENDER SIN PASIÓN 122
LO SALUDABLE ES EL CAMINO DEL MEDIO 125
NUNCA OLVIDES LA BONDAD 128
ESTUDIAR LA NATURALEZA 131
MEDITAR EN DIOS 134
NO TE OLVIDES DE TU PRÓJIMO 137
BUSCAR LA PERFECCIÓN 140
EL MAR Y LA VIDA 143
LAS HIERBAS Y EL HOMBRE 146
VISITA A LOS ENFERMOS 149

LAS FLORES 152

PLANTACIÓN 155

CONVERSANDO 158

EXALTACIÓN A CRISTO 161

LA CIENCIA DE LA ORACIÓN 165

PRÓLOGO

Amigo mío:

El problema de la salud es de vital importancia, pues los diversos aspectos de la felicidad dependen, en cierta medida, de la validez de este precioso certamen. Entendamos; sin embargo, la salud como un conjunto de condiciones que surgen del equilibrio físico y psicológico, del bienestar social y económico, pero, sobre todo, de la armonía interior frente a la visión espírita de la vida.

Sin un conocimiento espiritual profundo sobre las causas que conducen a los acontecimientos humanos, con la consiguiente comprensión de la metodología para conducir los efectos, el binomio salud-enfermedad sigue siendo complejo y difícil de gestionar.

El Espiritismo tiene la tarea ineludible de contribuir, con seguridad, a la ecuación de las dificultades que rodean muchas patologías y sus consiguientes terapias. Al llevar a la mente a examinar los factores causales de todos y cada uno de los acontecimientos, ofrece mejores recursos que previenen el daño o son capaces de equilibrar sus efectos.

Por eso acogemos en este libro un valioso esfuerzo en favor de la armonía moral, mental y física de la criatura humana, que avanza con la mirada puesta en sí mismo y en el futuro de la sociedad.

Roguemos a Jesús para que alcance el propósito para el cual fue escrito, ayudándonos a todos, desencarnados y encarnados, a conservar los invaluables dones del espíritu, mediante el logro de la plena salud.

Joana de Ângelis[1]

Salvador (BA), 12 de septiembre de 1983.

---

[1] Página psicografiada por el médium Divaldo Pereira Franco

PREFACIO

La caridad se manifiesta por innumerables medios con los espíritus y entre los hombres, y ahora la veremos en el encuentro de los dos planos, en el intercambio entre los que se fueron al Más Allá y los que quedaron en la Tierra. Es, por tanto, un genio con innumerables, innumerables posibilidades, que ayuda sin interés de ser ayudado; que sirve sin preocuparse de ser servido; quien enseña sin requerir intercambios de ningún tipo. Su pureza encanta, porque ejemplifica el amor.

Este libro, que acaba de nacer a la luz de la mediumnidad, es expresión de salud, con pautas de comportamiento según las líneas del Evangelio de Nuestro Señor Jesucristo. Es una invitación para que tengas armonía en tu mundo íntimo y ayudes a los demás con ejemplos de la verdad.

No hay beneficencia perfecta en la Tierra, porque en ella no hay almas de perfección total. No hay salud completa entre los hombres porque no hay criaturas en este mundo que disfruten de la perfección espiritual. Sin embargo, estamos avanzando hacia la mejora. Tendremos que pasar por muchas escuelas, y una de ellas es la del dolor, un ángel benefactor que nos lleva al verdadero camino de la comprensión. Sin embargo, es regla de la filosofía espiritista y del dominio de la conciencia en Cristo que cuidemos nuestra salud. Éste es nuestro deber, y uno de los más urgentes, donde estamos llamados a progresar. Yo era médico cuando encarné en la Tierra y estaba muy preocupado por la salud colectiva, haciendo muchos esfuerzos por ver sonreír a una persona cuando recuperaba su salud; sin embargo, noté después que muchos no quieren curarse, porque no les interesa para cambiar su vida. Se ponen una inyección y neutralizan su valor curativo, a través de los fluidos de los celos y el egoísmo; toman un jarabe y aíslan su poder curativo mediante malentendidos y dudas; toman pastillas y distraen sus elementos armoniosos, venganza y odio; reciben pases y agua fluidificada y desintegran su energía con el virus de la calumnia y el ácido de la impaciencia.

Y la caridad, nombre bendito que limpia todas las conciencias, camina con todas las criaturas sin preocuparse del tiempo, ocupando todos los espacios en la inspiración divina, esperando que todos decidan cambiar de ideas y pensar con Cristo en la dimensión del amor.

Este libro, dictado por nuestro hermano Miramez, da algunos toques materiales para asegurar la salud de los enfermos o para que los enfermos restablezcan sus desequilibrios. Sin embargo, lo más importante es tomar a la criatura dentro de sí y utilizar sus propios valores, como la caridad hacia sí misma, en función del bien interior. Vale la pena señalar en esta obra que la mente renovada con Jesús recibe, a través de las manos de la naturaleza, un cuerpo sano en todos los sentidos.

Llevamos mucho tiempo trabajando para que la medicina en la Tierra cambie de conceptos en lo que respecta a la verdadera curación: primero intentando destapar la mente del paciente, que está condicionada a ideas negativas, y mostrando al alma, incluso en la cama, los caminos hacia la salud.

El libro que tienes en tus manos, *Salud*, debe ser leído, meditado, observado y experimentado, sin preocuparte que de un día para otro recogerás los tesoros de la salud. Empieza por respetar las leyes naturales, creadas por Dios, que te será concedida, por misericordia, la armonía que tanto deseas.

Deshazte de ciertas adicciones y hábitos no deseados y busca otros campos de sensaciones superiores que sean más útiles para ti y para los demás.

Ten piedad de ti mismo, porque tu vida puede servir de luz a tus compañeros de camino.

Consulta tu conciencia y analiza cuánto vale este libro para tu bienestar.

Miramez es sutil en lo que escribe, para que el lector pueda aprender, utilizando sus propios recursos, como su propio médico.

No te entregues a la lectura cuando no estés interesado en aprender o estés frustrado por la inquietud. Este libro nació de meditaciones profundas, que el amor lleva a cada corazón, buscando ser útil, sin elegir criaturas. Aleja la tristeza y sé alegre en la búsqueda de la verdad, que Dios y Cristo te ayudarán.

Que Jesús los bendiga a todos.

Bezerra de Menezes

Belo Horizonte, 1 de septiembre de 1982.

SALUD

Muchas veces hemos dicho que el dolor es el presagio de la verdadera salud. Él es, por tanto, el mensajero del equilibrio orgánico, siempre y cuando lo comprendamos en profundidad. Sin embargo, cuando llega y llama a nuestra puerta, debemos poder recibirlo, dentro de la ética que especula el sentido común, asegurando así la paz en nuestra conciencia.

No hay nada malo en el mundo de las formas, ni tampoco en el mundo de las anti formas. Todo está bien con los planes de Dios. La enfermedad es un aviso que algo anda mal en nuestro organismo físico o psíquico, por tanto, debemos examinarnos en lo que ya entendemos.

El místico, verdaderamente místico, se conoce a sí mismo; estudia cada día sus propias reacciones y conoce los caminos saludables donde encuentra los principios de la felicidad.

Corresponde a quienes aun no han llegado a este estado buscar, porque quien busca encuentra y quien pide recibe, dijo el Divino Doctor de todos nosotros.

El Señor Todopoderoso, que nos hizo dentro de la más alta armonía, dentro de la mayor perfección, que Él representa en la casa universal, no haría una obra imperfecta. Nada saldría de sus manos puras, con el sello de la imperfección. Sería ciertamente un disparate, observado por cualquier razón humana. El hombre fue hecho para estar sano, en las pautas que se le abrieron para su paz espiritual.

Es común notar que todos los medios para adquirir salud, ya sea física o mental, están al alcance de nuestras manos, dependiendo de nuestra madurez, cuya presencia es resultado del tiempo. Es ley natural que participemos de esta realización, para que tengamos la alegría de decir y sentir que participamos de la realización más grande del alma: la conquista de nosotros mismos, en la línea de nuestra perfección espiritual.

No debemos retroceder. En todos los campos de trabajo, o en cualquier estado en el que nos encontremos, nada existe sin recursos, ya que el Padre Celestial es el gran suministro de todas las necesidades. No falta nada en el Universo de Dios: solo hay una cosa que nos da gran alegría y esa cosa se llama abundancia.

El hombre positivo debe ver vigor en sus semejantes; debemos visualizar la alegría en todas las criaturas; debemos sentir el amor brotando de tu corazón por toda la Humanidad. La salud es un estado de gracia, cuando la conciencia corresponde a la tranquilidad de los ángeles. El estado floreciente del cuerpo sin amor en el corazón sigue siendo un desastre en la ascensión del espíritu. En los estados evolutivos en los que nos encontramos en la Tierra, realmente necesitamos dedicarnos a estudiar diversos campos del conocimiento. Es este conjunto de esfuerzos el que la literatura universal nos presta y forma en nosotros una conciencia de la realidad. Y las lecturas espirituales nos dan las condiciones para establecernos en lo que debe ser, ayudándonos a comprender y discernir.

El espíritu que conoce la verdad se libera, porque es capaz de seguir los caminos correctos.

La Naturaleza está con los brazos abiertos esperando que todos sus hijos regresen a ella y por este reencuentro del nuevo hombre, la nueva alma, surgirá rehecha de todos los desequilibrios forjados por la ignorancia.

Un ser vigoroso es aquel que no conoce el odio, porque solo ama. Es aquel que no piensa ni habla de egoísmo, porque ama el desapego. Él es quien perdona constantemente. por conocer el clima de paz, por el amor.

Las páginas de este libro son como caminos, donde podrás encontrar algunos toques que te llevarán al libro más grande: la Naturaleza.

Si no quieres soltar viejos hábitos, o incluso las adicciones que te atan a la muerte, ciérralo y déjalo para cuando la voluntad de mejorar se apodere de tus sentimientos. Escribimos para hombres que están abriendo los ojos a la luz y que desean, cuando llegue el momento de decir adiós a la vida física, quedar más o menos limpios del peso que les hace sufrir.

Y muchos de los que observamos sufren de terquedad. Sienten las distorsiones de las leyes naturales y encuentran recursos en la escuela de las excusas, para detenerse un poco más en las sensaciones inferiores, que los condicionamientos de los ambientes les ofrecen en cada momento.

¡El primer paso hacia la liberación es quererla! ¡El segundo es actuar!

Dentro de estos dos dictados, no faltarán las bendiciones de Dios y la presencia de Cristo, estableciendo una sinfonía espiritual en todos nuestros cuerpos, presencia que conocen con el nombre de Salud.

LEYES NATURALES

Cuando hablamos de leyes naturales, recordamos el espíritu, que es el principio inteligente del Universo, y la creación universal: la materia. Son dos fuerzas que se complementan, provenientes del principio único, que es Dios y que se ajustan en el más alto equilibrio en la función de la vida.

El hombre, integrado en la sociedad, busca comprender las leyes que rigen la naturaleza y; sin embargo, se pierde en los laberintos de su propio deseo de disfrute y, en ocasiones, no sabe discernir qué es lo mejor para su propia felicidad.

Cuando se dejaba llevar por los instintos, se sentía más cerca de la realidad, ya que estaba más influenciado por la inteligencia suprema, que cuida más de cerca a los niños recién creados. A medida que evolucionó, se volvió más libre en términos de aprendizaje y formación de conciencia, fundamentando sus derechos a lograr su propia paz. Nos esperan leyes naturales. Avancemos hacia ellas, porque de su vientre surge la vida misma, de la vida mayor.

Algunos de los que nos leen, sintiendo la salida del sol interior y por respeto a quienes escriben con las mismas necesidades de encontrar el equilibrio y encontrarse a sí mismos, se quejan en el silencio de sus almas: ¿Cómo podemos encontrar y conocer estas leyes? ¿De eso hablas tanto? El camino no es tan difícil como crees. Él desciende de las líneas de nuestro destino. Sin embargo, debemos dar los primeros pasos en el camino de la iniciación. ¿Y cómo darlos? - Surge otra pregunta.

Hoy la palabra no puede abarcarse con la letra. El hombre tiene prisa y el tiempo apremia. La llave y la puerta están en sus manos. Empieza a pensar en regresar a la Naturaleza, descubrir sus leyes, tejidas por Dios en la gran estructura universal, y pronto encontrará la hoja de ruta que lo llevará al orden natural del Universo.

Estas mismas leyes de las que hablamos, por la misericordia de Dios, nos impiden decirlo todo, dar la receta y la medicina, meter en la boca y probar el pan divino hecho en el edén de los ángeles. La parte tocada por el espíritu es suya. No nos corresponde a nosotros hacerlo, ya que socavaría la ley natural que genera tranquilidad imperturbable para la conciencia. Veo en ti que estás leyendo, un gigante que duerme y que comienza, como nosotros, a despertar a la luz.

Unamos nuestras manos para que una energía de luz pueda fluir a través de todos nosotros y hacer desaparecer las necesidades que surgen de la ignorancia. No te preocupes por los demás. Ya han hecho mucho por nosotros. ¿Qué hicimos por ellos?

Si recibimos dando, ofreceremos y, para ello, necesitamos trabajar donde estamos llamados a vivir. No hay nadie que no valga nada. Somos piezas de la gran máquina cósmica y todos, como eslabones, dependemos de la fuerza que nos une: Dios. Y para conocer más plenamente al Señor es necesario que pensemos en Él, que sepamos Sus leyes, sin olvidar la caridad, que es Él mismo, manifestándose en el mundo de las formas.

El proceso de aprendizaje de las criaturas no se guarda en las universidades, ni en libros, y mucho menos en estanterías, bajo el régimen de venta. Las experiencias provienen del tiempo, que utiliza todos los medios para despertar esos tesoros espirituales dormidos en todas las criaturas, hijas del gran fuego universal. Jesucristo derrama las bendiciones del entendimiento, para que busquemos las pautas que nos lleven a la paz interior. Los medios son variables, así como los comportamientos de las almas son variables. Nunca esperes de los demás lo que debes hacer con tus manos. Para esto tienes una conciencia, que indica tu obligación y ésta, la conciencia, está más activa cuando el ser no olvida la oración.

Si quieres familiarizarte con las leyes naturales, en las profundidades propias de los ángeles, los santos y los místicos, la sabiduría espiritual te indica un puñado de normas organizadas por los apóstoles, escuchando al Divino Maestro: el Evangelio.

Y, en estas observaciones, ten fe en que la intuición abrirá los caminos para encontrar a la Madre Naturaleza, con la promesa divina que debe ofrecer a sus hijos, en nombre de Dios.

MÁQUINA HUMANA

El cuerpo es un conjunto de vidas que se manifiesta como un todo, en la organización de un instrumento del espíritu inmortal.

Billones de células se juntan en una sociedad, donde la luz contiene elementos de alta energía, acumulando condiciones para que el alma alcance un paso más en la escala del despertar espiritual.

El cuerpo físico es, por tanto, una máquina humana, con expresión divina, en la secuencia divina del progreso. Él es la máquina más perfecta, cuando se habla de cosas materiales, que conozcas. Aun tendrán que pasar siglos, en la suma de muchos siglos, para descubrir la perfección del conjunto fisiológico y del entramado de tu misión cerca de la llama espiritual, que muestra la inteligencia como atributo y, como rasgo valorado, los dones, en las ramificaciones del amor, dentro de las debidas líneas en las que Dios está presente.

Cuando escribimos sentimos alegría, por encontrar la misericordia del intercambio entre los dos mundos y la mayor satisfacción está en transmitir los valores del espíritu a quienes aun caminan en la carne. Todos somos hermanos, carentes de las mismas necesidades y, sobre todo, de amar.

Debes estar de acuerdo con nosotros en que tienes un tesoro extremadamente excelente bajo tu control: tu cuerpo. Cuídalo y él responderá a tus esfuerzos, brindándote los medios para cumplir tu misión en los itinerarios del mundo.

El espíritu es un pájaro de luz atrapado temporalmente en la cruz de la carne, para soltar las ataduras que sujetan los sentimientos. La carne es como una cámara, donde las virtudes tienden a madurar, creando condiciones cada vez mejores en términos de verdadera emancipación. Sin embargo, sin saberlo, no podremos avanzar. Nos favorece el conocimiento, que en la palabra evangélica es la misma fe, convirtiéndose en caridad, que se transmuta en amor.

Conocerse a sí mismo es un paso firme hacia la adquisición de la armonía de todos los cuerpos que recubren el alma, en el gran viaje eterno.

El compañero que lee se convierte en el que empieza a pensar. En la mente hay muchos secretos aguardando el futuro que poco a poco te irán revelando los matices de la vida, según el escalón de la escalera que ya hayas subido. Tu felicidad depende de ti mismo, porque Él ya hizo la parte de Dios.

Pero recuerda que no existes sin la existencia de los demás. Deja que tu amor llegue a los corazones que te rodean, como parte de ti mismo.

El cuerpo es un universo en miniatura, regido por las mismas leyes, compatibles con su tamaño. El espíritu es un dios, si lo comparamos con las micro vidas en profusión, en la formación de la carga física.

Luces y más luces se cruzan en el universo biológico, venciendo paso a través de obstáculos creados por la ignorancia que se disuelve en el amor derramado por una mente entrenada en el bien. Sé el que dispensa elogios y nunca exige condiciones. Comienza a respetar todos los reinos de la Naturaleza, ellos te abrirán el libro de la sabiduría y un proceso que quizás no conozcas te llenará de paz y salud, de alegría y conocimiento, en lo que respecta a tu propia vida.

Todos sufrimos por no conocer el valor de la salud y por no saber mucho sobre la armonía de nuestro cuerpo. La razón es uno de los puntos básicos para guiar nuestros destinos; sin embargo, la intuición aclara todos los caminos que debemos tomar con conciencia de nuestro deber. Si tu ambición es solo elevación espiritual, agotar lo físico para ganar algo más allá, puedes perder el camino hacia la verdadera felicidad, pues todos los instrumentos del espíritu deben ser cuidados, con atención y cariño.

Después de estos mensajes, te daremos algunas nociones de la vida natural, de la paz entre todos los reinos, de la afinidad con muchos mundos en los que vives, para que puedas recibir y dar la fuerza insuperable del amor. Comienza por el cuerpo físico, con la peculiar dedicación de los sabios, y otros te abrirán las puertas para que puedas adentrarte en el camino de la verdadera iniciación. No te apresures. La consideración es hija del sentido común y ésta, del equilibrio. El equilibrio es hijo de la justicia y ésta, de la armonía. Tocamos algunos puntos, deseándoles felicidad, que debe complementarse con tus manos. Vamos hijo mío, queremos seguir adelante y a veces acompañarte.

Para nosotros será una gran alegría si despiertas, a través de nuestra conversación, los tesoros que existen en tu interior.

El primer paso es empezar a cuidar tu máquina humana.

EL AIRE QUE RESPIRAS

El aire brilla alrededor de la Tierra con variados movimientos y contiene luces de ciertas variedades en su comportamiento, sirviendo como vehículo de vida para todas las criaturas del mundo.

Las estrellas vierten en los interminables brazos del viento el magnetismo estelar que lo fortalece, con otros elementos donados por la Naturaleza. El oxígeno, regulado por la expresión divina, se mueve en las ondulaciones de las moléculas, distribuyendo alegría como purificador de la sangre y abriendo el camino a la energía espiritual, que vibra en todos los departamentos de la creación de Dios.

El aire que respiras es un mediador de cualidades indescriptibles. Puede enriquecerse con tu forma de pensar, o convertirse en un instrumento de suicidio lento, si descuidas los medios para purificar la mente. El pensamiento elevado es la clave para valorar lo que respiras cada segundo.

El alimento más seguro para todos tu cuerpo entra por tus fosas nasales, se deleita en todos tus meridianos y fortalece todos los centros de fuerza, empoderando al alma para grandes ideales.

Si deseas ayudar a quienes caminan contigo en el camino, para que el silencio sea el denominador común, utiliza tu mente en creatividad, visualizando energías espirituales involucradas en el aire que tu compañero puede respirar y respira con él estas bendiciones de Dios, sin olvidar la alegría y el amor. Este ejercicio te colocará por encima de todas las inferioridades y te convertirá en un sol fecundante donde la salud será el clima más placentero y el bienestar, el ambiente de la alegría.

Tú, que estás leyendo, tienes todos los recursos para vivir bien: de ello depende la lucha que debas librar contra la ignorancia. Si te sientes desanimado por falta de autocontrol, porque desconoces los primeros pasos en el arte de respirar, intenta familiarizarte con ese gran misterio llamado aire que es necesario que comprendas en este momento, si es que lo deseas. No lo sabemos ya, que muchas luminarias de espiritualidad superior, fuera del alcance del razonamiento humano, controlan los vientos y trabajan para purificar el aire que camina con el propio planeta. Tejen las ropas de todas las falanges, de luces y colores, con el propio aire, en pleno control del sinfín de elementos que componen este milagro de la Naturaleza.

Empieza a aprender, si quieres salud, que este es uno de los mejores caminos. La vida está en el aire, soplando en todas direcciones, por orden divina y, dondequiera que sea llamada, por la voz de la sabiduría.

No quiero ser maestro en un día, un año o un siglo. Éste es el logro de milenios, en el tejido de la fe, en una atmósfera de alegría, bajo las bendiciones del amor. Estamos dando pequeños "toques", para que puedas despertar a las lecciones que vibran en tu interior, donde la escritura de Dios está siempre viva y es progresiva. El aire que respiras es tu hermano, sirviente y compañero. Pídele lo que necesites, en términos de salud y equilibrio, y los genios de la naturaleza te asistirán con la joya de la vida, de la vida mayor.

Si los hombres pudieran ver cuánto respiran en impurezas y miasmas de todo tipo, transportados por el aire a cada célula de su organismo, buscarían otros recursos para ayudar a este gran mensajero del amor y de la vida, donante común de todo el planeta.

La peor de todas las inmundicias que llegan a la atmósfera es la basura mental. La falta de educación de la mente es responsable de casi todas las enfermedades que surgen en el ámbito de la carne. El intercambio de elementos corrosivos entre seres humanos que desconocen el Evangelio por experiencia se realiza también a través del aire que respiran. Coopera con las poderosas mentes encargadas de purificar el aire, buscando modificar tu atmósfera psíquica.

Esta esencia que sopla en todas las latitudes de la casa terrena es movida, digámoslo nuevamente, por inteligencias superiores, que desean asistir a las criaturas; sin embargo, atienden más eficientemente a quienes saben pedir, ya que son quienes mejor ofrecen condiciones de ser ayudados. Es bueno que pienses un poco más en la atmósfera que rodea la Tierra en un abrazo de luz para garantizar la vida.

Quien no medita no aprende, quien no aprende no sirve y quien no sirve no cumple con su deber.

Empieza hoy a familiarizarte con el aire que respiras, hermano mío. Agradécele los beneficios recibidos, porque este agradecimiento te pondrá cara a cara con la vida que de él proviene y te abrazará con besos de luz. Imprime en el aire que sopla lo bueno que ya has logrado y siempre regresará con lo mejor para tu corazón, por la ley de Aquel que es todo amor.

Si necesitas salud, o quieres prevenirte de cualquier daño, comienza ahora lo que dijimos, y mañana serás un hombre más, sintiéndote más feliz en la vida, gracias al aire que respiras.

EL AGUA QUE BEBES

El agua, en todos sus valores, es una panacea extremadamente divina, que corresponde a todos nuestros deseos de equilibrio orgánico y psíquico, ya que existe en muchas dimensiones. Su poder curativo es aun un secreto, cuyas puertas aun no hemos obtenido el permiso para abrir, ya que nos falta el amor necesario para tal emprendimiento. El cuerpo humano en toda su estructura destaca con dos partes de agua y una de diferentes elementos que nacieron dentro de su fértil y prometedor pecho. Despreciar el agua es querer separarse de la vida,

Cuando bebas el agua, no olvides la porción divina que vibra en ella en expresión de luz. Ella guarda en su comodidad la fuerza que restaura y armoniza todo el mundo celular. Libera energía en todos los campos del metabolismo y desbloquea innumerables caminos en el mundo de la carne para la liberación orgánica de restos que son inútiles para la forma física, pero que pueden ser utilizados por la naturaleza en otros esfuerzos de indescriptible valor.

Los ríos que atraviesan toda la Tierra, en todas direcciones, tienen la sagrada misión de calmar la sed y la gran tarea de limpiar a las criaturas. Y no es solo la limpieza, su finalidad. Su ingeniosa labor consiste en la donación de un tipo de magnetismo altamente gratificante, que recibe donde nace, de incansables manos angelicales al servicio de la caridad y de la irradiación del amor.

Lamentablemente, las aguas más pobres son las que se distribuyen en las grandes metrópolis, donde las manos de los hombres añaden elementos incompatibles con la armonía del complejo humano y que también desajustan a algunos cuerpos en el mundo de las anti formas. Cuando la Ciencia comience a estudiar estas reacciones, se buscarán otros medios de defensa para este líquido sagrado que ayuda a sostener la existencia humana. Es necesario que todos comprendan que las aguas necesitan el beso fortificante de la atmósfera pura y, en esta simbiosis, los dos se valoran mutuamente.

En las grandes ciudades viaja oculto a través de tuberías impenetrables al aire. Si no puedes alcanzar tus manos con un vaso de agua pura de las corrientes de un río, celebrada por la suavidad del magnetismo de los vientos, puedes batir el agua, usando dos vasos, pasando de un vaso a otro, provocando que entre en contacto directo con el aire y tendrás agua revitalizada.

Alguien ha dicho con razón que debemos masticar el líquido. Haz esto y verás cuánto te lo agradecerá tu cuerpo. Una de las mejores medicinas disponibles para ti es el agua que bebes. Al tomarla, bebe los sorbos sin prisas, dejando que las glándulas de tu boca seleccionen los elementos y los canalicen hacia los lugares imprescindibles para la paz del organismo. Mentaliza este trabajo de selección y sentirás que tu cuerpo se beneficia de la acción renovadora del agua que bebes.

LA LUZ

Arroja la luz de la vida desde las esferas resplandecientes, bañando la Tierra en todas direcciones con su energía que despierta las semillas donde algo debe nacer para las bellezas inmortales.

En todo lo que se ve, se toca y se siente, hay luz acumulada por procesos que los arcángeles de Dios guardan para el futuro, a favor de los hombres y de las cosas, de los espíritus y de la vida misma. La luz viaja por el infinito fuera del proceso habitual de las leyes humanas, avanza en un viaje vertiginoso donando luces y recibiendo energía, distribuyendo alegría y recogiendo vida, manifestando esperanza y estableciendo felicidad, en el gran jardín de Dios.

Incluso en un pequeño punto de esta página se concentra una porción rotunda de luz, que podría convertirse en un sol, pero que duerme porque carece de conciencia de existir. Y duerme, esperando que el tiempo marque el momento para despertar y sentir las bellezas de la Creación misma. Para decirlo mejor, un átomo es una estrella en miniatura, con su procesión de electrones, verdaderos satélites en el equilibrio de su vida. La luz es, por tanto, algo divino, en el concierto divino del Universo.

Cualquiera que tenga ojos para ver el cuerpo humano con los ojos del alma verá constelaciones y constelaciones brillando en los cielos de la carne con proyecciones de luces, rayos, colores y sonidos indescriptibles en profusión, en la mayor orquestación que puedas imaginar. Y los hombres, incluso aquellos que conocen, olvidan esta belleza y pierden un tiempo precioso en cosas vanas, en lugar de estudiar estos matices de la vida, que nos muestran el cielo y a Dios en su plenitud de amor.

La medicina del futuro se preocupará por la armonía del todo y ya no dormirá un órgano para que ya no cause perturbaciones, ni extraerá partes del cuerpo para eliminar los efectos nocivos de determinadas reacciones. Hay que buscar la causa de las enfermedades que surgen en cualquier punto del campo biológico. Soma trabaja en completa resonancia con el Universo. Uno y otro son la misma cosa, y Dios es la fuente de todas las luces que sustentan la Creación.

La luz es una maravilla de la naturaleza. Quienes conocen su labor en el telar divino de la creación se alimentan de una esperanza indescriptible de alcanzar la felicidad. Proyecciones mayores de luz provienen de las tierras altas de la vida, cuyo significado más profundo desconocemos, ya que no es una luz común como tantas otras. Está vivo en su expresión más simple y comprende la invitación de la mente entrenada en operaciones similares a las que ahora nos referimos.

Vimos a un espíritu altamente educado en la Ciencia de las luces controlar dos rayos de esta bendición divina que se deslizaban a través del éter cósmico, como si los dos jugaran a la vida. Lo vimos disminuir su increíble velocidad, indicar con sus manos por dónde debían penetrar un árbol cercano y éste, con una expresión emotiva, exhalar una especie de plasma con todas las características de la vida y colores encantadores en profusión, regresando a las manos del operador un elixir, uno que podríamos llamar el "elixir de la vida."

Panacea espiritual, que sirve y cura todo tipo de enfermedades que conozcas, restablece el equilibrio de todos los cuerpos y suaviza las emociones, enriqueciéndolas para sentir la existencia de la felicidad.

Avancemos en el tiempo para llegar allí. El futuro nos espera, pero es bueno que recordemos que hay una parte de nosotros que nunca debemos olvidar hacer.

La clave de todas estas ciencias que surgen y existen en la Tierra es Cristo. Quien no pasa por Él, no encontrará el camino correcto; olvida la vida e ignora la verdad. Dios verdaderamente es amor y el amor es luz.

Ahora comienza a respetar este fenómeno que encanta al infinito, agradece las luces que te asisten y bendice las claridades que te ayudan a vivir, que la armonía te será dada, por manos que poseen sabiduría. Avanza un poco cada día y alguien, muy cercano a ti, te ayudará a caminar correctamente.

Busca la luz y la luz vendrá.

EL ENTORNO EN EL QUE NACISTE

Naciste en un hogar, porque antes estabas orientado hacia él, en el contexto de las fuerzas que dirigen los destinos.

Donde nos apegamos tenemos algo que nos llama, desde los acontecimientos del pasado lejano, incluso afinidades profundas que nos llevan a grandes logros. Nos corresponde a nosotros, a los demás, comprender el entorno en el que nacimos y hacer lo mejor que podamos, para que el mañana no nos olvide con los frutos, hijos de las semillas que dejamos, por amor, en el huerto de nuestro hogar.

Para ello, el sentido común nos dice que debemos colocar un moderador entre la mente y el corazón, para que nuestros impulsos inferiores sean filtrados y el entusiasmo exagerado, que puede llevarnos a desvíos improductivos, se calme. El espíritu no vive de herencias. Lo que la Ley Universal nos permite heredar son los atributos de Dios. Sin embargo, recorremos los caminos evolutivos en grupos similares y, a veces, renacemos en un hogar terrenal con las mismas tendencias de quienes nos recibieron, por amor a la causa de la gran fraternidad.

Heredamos lo que necesitamos, en las formas de aprender. En las leyes biológicas, las tendencias son más fuertes. Nacimos de un linaje, predispuestos a sufrir las mismas enfermedades que nuestros antepasados registraron en la genética y, a través de líneas invisibles, somos colocados, espíritus y genes, en los mismos caminos. Sin embargo, el espíritu es espíritu. Pueden eliminar algunos, o todos, los obstáculos que puedan surgir en la agenda de eventos delineados por el karma.

Eres lo que deseas ser, dentro de lo que ya has logrado en la ley natural del despertar espiritual. Puedes cambiar muchas cosas en tu itinerario, porque una vida feliz pertenece al conocimiento y a quien ha aprendido a amar. Debes y puedes dominar el entorno en el que vives. No un dominio en la expresión común del término, sino una liberación lograda por el conocimiento de la verdad.

Dentro de tu hogar y en el ambiente de tu trabajo, debes lograr amistades, predisponiendo todos los corazones que te rodean al mismo trabajo, porque es en este clima de alegría que puedes ayudar en la armonía de todos tus cuerpos, que tejen los caminos de la verdadera iniciación cuando te reúnes con un grupo de almas de ideas afines, el éter cósmico que te interpenetra como vida, por la bendición de Dios, registra lo que piensas y fotografía lo que sientes, guardando una copia en tu conciencia y viajando con el otro en todas direcciones desde el infinito, para mostrar el centro de la vida mayor, lo que haces con la vida y para la vida. Entonces, ¿cómo podemos negar lo que somos?

El aire de tu hogar puede estar cargado de fuerzas sutiles generadas por el amor puro, o lleno de un magnetismo inferior, que puede hacer sufrir a todos los miembros de la familia. Y los niños son los más afectados, debido a su formación biológica aun reciente y a la precaria unión entre espíritu y cuerpo. Puedes hacer mucho por tu familia si tu comportamiento corresponde a tu conciencia en Cristo.

Si tu casa no conoce discordias, no vive en lamentos, se alegra en la virtud y está siempre dispuesta a perdonar, seguramente el amor y la alegría forman la atmósfera predominante dentro de ella.

El agua que bebes y los alimentos que tienes en casa están impregnados de estos fluidos de luz, que se multiplican en salud para todos los que conviven con ustedes. Si aun no has logrado un ambiente ideal para vivir en paz, comienza hoy, hijo mío, pues los espíritus encargados de esta armonía te ayudarán en todos tus esfuerzos y, un día, recogerás los frutos de tu compromiso.

Recordemos a Jesús, cuando dijo: *"El que persevere hasta el fin, éste será salvo."* Siente el ambiente en el que vives como tu propio cielo, pero haz algo por él, porque después de Dios, el resto está en tus manos, como fruto de tu trabajo.

Recuerda que no hay problema sin solución, ni dificultades que no puedan resolverse, cuando caminamos con Aquel que es el Camino, la Verdad y la Vida.

LO QUE COMES

El ser humano, aun con el suministro que tiene a mano, en cuanto a alimentos, come mal. El Divino Maestro dijo: *"Busca y encontrarás."* Y la conciencia en Cristo nos dice: "Debes saber buscar."

A nuestro alcance están todos los recursos para adquirir nuestra felicidad.

La clave de todo está dentro de nosotros, esperando el toque que la sabiduría y el amor puedan dar.

El germen vegetal guarda la energía de la planta como un tesoro que la Naturaleza ofrece al espíritu que viaja en la carne y éste, por ignorancia, se olvida de aprovecharla, para su propio equilibrio. En el interior de los granos brilla la luz del reino vegetal, que debe ser extraída con los recursos de la boca, donde los dientes y las glándulas juegan un papel sumamente importante. El cuerpo humano debe tener una reserva de fuerzas, para el momento en que el desgaste supere los límites marcados por el orden natural y, para ello, debe respetar las leyes de la Naturaleza.

Un buen hombre debe saber qué comer, comer para vivir, sin dejarse llevar por los excesos. A lo largo de los milenios, se notará cuánto ha cambiado la forma de comer y la elección de los alimentos. El cuerpo físico obedece al tirón evolutivo del alma y el alma requiere de un aparato más perfecto y más sensible para sus esfuerzos. Los alimentos vulgares ya no son ideales para esta generación y espíritus de alto linaje espiritual descienden a la Tierra para mejorar la dieta de los hombres, configurando un futuro de mayor alcance, donde todo prospera con la mejora, tanto del alma como del cuerpo. Ahora es el momento de volver la mirada hacia los alimentos integrales, extrayendo al máximo la energía acumulada en semillas, hojas, tubérculos y frutos, sin olvidar la educación de la mente, a la hora de la comida. Tiempo sagrado, entre los horarios que respetas, al comer alrededor de una mesa o dondequiera que estés, cuida que lo que pueda existir no sea negativo. Ciertamente, lo que comemos está muy influenciado por las formas pensamiento. La mente crea lo que los sentimientos desean y, en este caso, el alimento físico recibe una carga del alimento mental, en un proceso de simbiosis que aun no puedes comprobar.

Hermano mío, si quieres iniciarte en la luz de la sabiduría espiritual, toma una escuela de autoeducación y disciplina de tu pensamiento y, aprendiendo a pensar, da vuelo a tu fuerza mental, con la dignidad que nos enseña el Evangelio, por los caminos de Jesús.

Aprende a pensar, aprende a hablar y aprende a comer. La salud genera alegría y la alegría pura es amor que se irradia desde el corazón al centro de la propia vida.

El día que estés inquieto y el nerviosismo cambie tu forma de ser, suspende los alimentos hasta que la paz regrese a tu ser. Comer mal es alimentarse de energía deficiente y de poca luz. Lo que comes es sensible a lo que piensas y lo que dices transmite muy claramente tus sentimientos. La porción de comida que te lleves a la boca debe estar bien triturada, ya que para una digestión normal y eficiente la acción de la saliva es fundamental en la preparación del bolo alimenticio. En el futuro, la medicina estará más preocupada con la comida que con la propia medicina, ya que actualmente la medicina se utiliza más para corregir los daños causados por la ignorancia.

Cuando la boca sabe comer, el cuerpo está sano. Cuando la mente sabe pensar, el alma es feliz. Cuando las manos saben ayudar, el corazón se alegra.

Si quieres saber qué comer, medita, piensa en la naturaleza y observa la vida. Pídele a Dios que no falte guía. Afortunadamente, ya existe una vasta literatura en todo el mundo que valora las cosas naturales.

Recuerda lo que dijo el Más Grande Amigo: "Pide y recibirás."

ACCIÓN DE LOS PENSAMIENTOS

Los pensamientos suministran referencias a la mente instintiva y ésta pasa a dar órdenes, activándose en la secuencia que debe expresar, en las luchas del día a día. En muchos casos, te conviertes en lo que realmente piensas. En el campo auditivo los fenómenos son casi los mismos. Las sugerencias externas, dependiendo de quién usa la palabra, graba los sonidos en tu pantalla mental y los alinea como una fuerza instintiva en tu inconsciente y, gota a gota, te diriges a las ideas de otra persona como si fueran propias. Así, tu vida se alinea en plena afinidad con el de tu prójimo, que te prestó sus sentimientos.

Muchas personas se desvían de sus ideales más nobles porque no saben cómo discernir lo que ingieren como formas de pensamiento bajo la influencia del verbo. La acción del pensamiento es mucho más profunda de lo que piensas. En todas las direcciones de la existencia, nos corresponde a nosotros, encarnados y desencarnados, trabajar por nuestra liberación. Es buena idea que comencemos hoy a educarnos conceptualicemos nuestra situación en el orden llamado trabajo y lo hagamos con amor, para que el amor se convierta en paz y salud en nuestros caminos.

Cada pensamiento estructurado por el engranaje del alma es como una gota de agua en el océano de la vida. En la psicósfera de la Tierra solo dominan con aterradora ventaja los pensamientos inferiores. Formas pensamiento capaces de influir en dos tercios de la Humanidad hacia las cosas en la sombra se encuentran en la atmósfera en la que vivimos, con tal sutileza que a veces no las sospechamos. Sin embargo, existe un sanitizante divino que nos proporciona formas de deshacernos de estas influencias nocivas y nos ayuda a abrir caminos en áreas que perturban a los deficientes en sentimientos altruistas: el Evangelio de Nuestro Señor Jesucristo. Él es la fuerza capaz de iluminar la Tierra, liberando a las criaturas de los obstáculos formados por la ignorancia.

Las reglas de vida que nos ofrece Jesús despiertan en nosotros dones latentes. Con el toque del Maestro, se levantan para luchar en nuestro mundo íntimo, guiando nuestros sentimientos e iluminando nuestra conciencia, para mostrarnos lo que debemos querer, para que aprendamos a querer mejor.

Cambiar nuestros pensamientos parece, a primera vista, una tarea irrealizable, porque el mal está organizado y se extiende por todos los ámbitos. Sin embargo, el bien que ya hemos idealizado y que comienza a surgir en nuestras acciones nos muestra que debemos continuar. Cada gota de amor que sale de nuestro corazón a favor de los demás es un chorro de odio que desaparece de nuestro espíritu. Esta es la gran obra de la iluminación y el tiempo nos mostrará que en el transcurso de ella el sol de la verdad brillará sobre todos nuestros sentimientos. Esto es lo que hicieron todos los grandes espíritus que vivieron y viven aquí y, en este avance del amor, la Tierra se transformará en cielo y los ángeles serán quienes trabajen a favor de la paz.

Sean prudentes en su reforma interna, pero persistentes en sus decisiones. Analicen lo que piensan y dicen durante el día y, si algo malo se ha infiltrado en sus pensamientos o palabras, no lo vuelvan a repetir mañana, porque esa pasta venenosa que se crea en la mente y en la boca cuando nos involucramos en la discordia, en la usura y los celos nos matan poco a poco, alterando el funcionamiento de nuestros campos de fuerza, disparos desde la franja de la muerte. No quieras mejorar de un día para otro; sin embargo, no dejes de educarte cada día, porque es en este esfuerzo continuo que la luz florece en tu pecho, en forma de un estímulo de bien que nunca muere.

Tus pensamientos actúan sobre tus semejantes, del mismo modo que los de los demás actúan sobre ti. Y, si es plantando como cosechamos, como nos dice la Ley, es una acción benéfica plantar las semillas del amor y de la caridad y la cosecha no puede ser de otra manera.

Si encuentras dificultades en la autoeducación mental de tus costumbres, busca a alguien que ya haya iniciado esta obra divina y haya realizado maravillas en este campo, y él te ayudará. Pero mira bien, no debes olvidar de adorar la oración y ella te conducirá a la gloria del entendimiento.

LA PALABRA HABLADA

La palabra hablada debe abarcar el discernimiento en el contexto de su expresión, haciendo comprender a quienes la escuchan la belleza de la vida inmortal y la oportuna grandeza del cuerpo físico, que Dios nos ha dado a todos. Si el condicionamiento es una ley, debe ser de acuerdo con la ley del amor, que hace importante para nuestro bien mantener en la mente y en el corazón sugestiones elevadas y transformarlas en semillas de luz para sembrar en las consciencias que a veces se acercan a nosotros.

Es nuestro deber sembrar armonía dondequiera que estemos, para cosechar alegría y amor. Todos deseamos salud, salud física y espiritual, y no será con un puñado de pastillas, ni con una serie de pases que nuestro cuerpo entrará en plena armonía con el Universo. Nuestra conciencia infunde tranquilidad imperturbable en nuestras vidas. Adquirir salud requiere y necesita tiempo y esfuerzo. Cada criatura debe ser su propia medicina. Todo lo demás que existe y que existirá por mucho tiempo son paliativos como bendiciones de Dios hasta que llegue el gran día en que puedas encontrarte a ti mismo y conocer tus propias necesidades.

Es correcto y justo que alguien que nos guíe bien sea una manera que nos lleve al camino. Sin embargo, cuando descubrimos nuestro potencial interior, la parte más grande y expresiva de la búsqueda nos pertenecerá a nosotros mismos y debemos hacerlo con alegría y amor en nuestro corazón.

Escribimos para no arrestar conciencias. Al contrario, nuestra intención es liberarlos en todos los sentidos de la vida. De lo que hablamos pretende llegar a la conocida cita: *"Conócete a ti mismo."* Ahí reside toda la vida y la ley. Es una sentencia que libera al espíritu de muchos condicionamientos inferiores, mantenidos por la ignorancia humana. La ciencia del habla aun está en sus rudimentos. Fue olvidada por las escuelas académicas por conveniencia, pero como la verdad siempre se levanta a la luz de la razón, está comenzando a levantarse, para alegría de todas las criaturas de Dios. Jesús enfatizó la palabra, para levantar a los caídos, curar todo tipo de enfermedades y afirmar, a través de ella, la inmortalidad del alma.

Fue la palabra del Maestro, asegurada con el ejemplo, la que llegó a nuestras manos, en el Evangelio, haciéndonos conscientes de la luz de la fe, que estamos siempre rodeados de los ángeles del Señor, inspirándonos sobre la vida inmortal y la urgente necesidad de llegar a ser medios de caridad y amor. Ustedes que están leyendo pueden sanarse a sí mismos y a sus semejantes a través del poder ilimitado de la palabra hablada y escrita. Puede ser un catalizador de fuerzas que antes desconocían. Utilicen este don divino que guarda su corazón, activándolo a través de su mente. Sin embargo, antes de usarlo, recuerden el discernimiento y la fuerza del bien que reside en ustedes, porque el verbo mal dirigido también puede destruir.

Quien conozca bien la ciencia del habla y no la utilice en beneficio de la comunidad, dejándose llevar por el egoísmo, perderá este maravilloso don del verbo, que se irá atrofiando con el tiempo. No recibimos nada que conservar, porque la propia naturaleza nos da ejemplo de ello y la ley del uso. Todo en el Universo circula en interminables intercambios de fuerzas, satisfaciendo la ansiedad de las cosas y de los hombres, de los espíritus y de los ángeles.

Cuando la palabra recibe y utiliza educación, cuando está llena de ternura y llena de amor, nos da noticias del cielo y de la existencia de Dios; recordemos a Jesús y no olvidemos a los grandes mártires del cristianismo primitivo.

Y he aquí, nuestro corazón da señal de verdadera paz espiritual, llevándonos a alcanzar la salud absoluta, que nace del buen comportamiento y de una vida que copia la armonía universal, tomando como ejemplo la propia naturaleza.

CULTIVO DE SENTIMIENTOS

El espíritu no puede ser negligente en sus deberes morales, para no pactar con sentimientos inferiores. Corresponde a cada alma luchar consigo misma utilizando todos los recursos posibles para conquistar el bien y el amor que ya residen camuflados en el reino del corazón.

La criatura desatendida no permite que las marcas del Cristo trabajador queden grabadas en su interior. En ocasiones tienen una falsa creencia en la pureza basada en acciones y hechos externos, olvidando el punto de partida que debe florecer en su mundo interno y que les garantiza tranquilidad de conciencia.

Los sentimientos puros fueron sembrados por Dios en nuestro mundo íntimo y son eternos, esperando ser tocados bajo el imperio del tiempo, para despertar a la luz del progreso. Son nuestros sentimientos los que marcan nuestro comportamiento hacia los demás, en la escala a la que pertenecemos. Nuestras emociones hablan de nosotros, en todos los caminos que tomamos. Cristo nos invita, por todos los medios disponibles, al cultivo de sentimientos nobles. Perder la oportunidad pone de relieve nuestra ignorancia. Todos nuestros semejantes nos miran y observan el mal que hacemos o el bien que dejamos de hacer, sin que nos demos cuenta de esta vigilancia. Y esto se vuelve bueno para nuestra mejora espiritual, si somos lo suficientemente humildes para escuchar a quienes señalan nuestros errores, incluso si lo hacen con la intención de ofendernos. Podemos beneficiarnos mucho de estas lecciones, porque el "nada se pierde" incluye todo lo que se manifiesta en nuestro camino. Cuando sepamos aprovechar todos los acontecimientos de nuestro itinerario, realmente estaremos iniciando el camino hacia una vida mejor. Esto es adquirir salud. Esto es curar nuestros desequilibrios.

El sentido común nos invita, el que dirige los impulsos del corazón y de la inteligencia, a nunca servir de jueces ante las debilidades ajenas, induciéndonos; sin embargo, a fortalecer el tribunal de nuestra propia conciencia, para que la justicia en nosotros sea establecernos, acompañados del autocontrol y el autoanálisis. Junto con el tiempo que dedicamos a observar el comportamiento de otras personas, perdemos los medios para educarnos sobre nuestras grandes necesidades.

Quien desconoce sus errores es ciertamente un ignorante; sin embargo, quien es consciente de sus propias faltas y deficiencias y ataca los desequilibrios de los demás, se convierte en verdugo de los culpables, aumentando aun más su carga, con el daño causado por su calumnia.

La verdadera curación depende de nuestro comportamiento ante la vida. Observen los sentimientos que tengan y vean cuál de ellos necesita reparación a la luz del Evangelio de Nuestro Señor Jesucristo. Comiencen hoy a animarlo a hacer el bien, para que la caridad con Jesús vibre en su corazón permanentemente.

La mayoría de las enfermedades llamadas "incurables" son, en realidad, falta de armonía del cuerpo o de los cuerpos donde se manifiesta el alma. Puede suceder que una sola persona sea atacada por varias enfermedades o tenga una migraña permanente por falta de observancia en el ámbito de su propia salud. Por lo tanto, es la laxitud en la obediencia a las leyes naturales lo que perturba la armonía. Sucede también que espíritus de cierta elevación, al reencarnar, pidieron ciertas enfermedades para garantizarles el equilibrio ante algunas debilidades que aun sienten en el corazón y en el alma.

Todos estamos en búsqueda de una mejora, la cual está muy lejos de nuestro hogar actual y aun más lejos del cielo, que debemos establecer en nuestro mundo interno. El clima del completista es de imperturbable tranquilidad en la conciencia. No debemos dejar de trabajar en todos los sentidos para cultivar los sentimientos, porque ellos marcan nuestra vida en la vida de Dios y hablan de Jesús a quienes nos acompañan, con solo que manifiesten amor y caridad.

Cuando comprendamos que sanarnos a nosotros mismos está en nuestras propias manos, ya estaremos sintiendo los primeros rayos del sol de la verdad.

EL PODER DE LA ALEGRÍA

La alegría es una flor de luz, presente en toda la obra de Dios, que nos habla de amor. Es un don por excelencia que corona el alma con la expresión de la divinidad. Si ya conoces la alegría en la Tierra y entiendes el impulso evolutivo de las cosas y de los espíritus, ¿cómo te imaginas que será en los planes de vida mayor? Este es un estímulo para la mejora, para un esfuerzo que ponga en valor los logros a los que tenemos derecho.

La mejor cara de la alegría es la que ignora el mal, que no forma parte de la calumnia, que no va acompañada de venganza y que nunca tiene el egoísmo como compañero. El bienestar cristiano nos presenta una alegría extremadamente pura, en la elevación de sus propios fundamentos.

Nunca ha habido curas y nunca existirá sin la participación de la alegría. Representa nuestra gratitud a Dios por la misericordia que su amor nos ha traído.

El poder de la alegría es ilimitado. Quien sabe manifestarla en los momentos adecuados y en las oportunidades exactas, dejando que esta fuerza emerja lentamente en su expresión, obra maravillas en el campo de la esperanza e incluso curando a los enfermos, levantando a los caídos, estimulando a los débiles y bendiciendo a los necesitados de cariño. Elimina montañas de problemas y ordena mentes cargadas de tristeza y permeadas de sugestiones inferiores.

La alegría relaja los nervios y tonifica las corrientes de vida que visitan los centros de fuerza: armoniza los cuerpos y purifica el ambiente en el que se respira. Cuando hablas con alguien, si dejas que un ligero rastro de alegría permanezca en tu rostro, a través del habla continua también estás transmitiendo la fuerza de tus sentimientos y, si tus palabras contienen elementos de amor, estarás curando a quienes te escuchan o animando su corazón atento a tus palabras.

Aquí hay algunos puntos de felicidad. Comienza por ellos, ya que muchos otros aparecerán en tu mente como inspiración de lo alto o incluso como la presencia de Cristo. Solo a los ignorantes les gusta hablar a gritos, porque encuentran en esta violencia la seguridad para sus imposiciones. ¡Qué equivocados están! Cuando queremos oprimir, nuestras formas mentales obedecen a las leyes de la fermentación y las ondas que provienen de nosotros cambian, pasando de ondas cortas a largas, de sutiles microondas a heridas psicofísicas difíciles de asimilar para quienes nos escuchan, provocando solo una profunda impresión de horror, sin esa gentil acomodación y esa afinidad benéfica que genera amor y alegría pura.

Debes conocer la psicología espiritual, las buenas maneras que regulan nuestros impulsos inferiores y nos conduce a la buena conducta, porque, a través de esta educación, la alegría constructiva podrá aparecer en tus labios, sino en toda tu figura, como en una partícula tuya, cooperando a la curación de los enfermos, el alivio de los desesperados y la ayuda para los oprimidos.

¡Cuántos recursos existen dentro del alma que a veces desconocemos! Y todavía podemos encontrar otros, extremadamente grandiosos. Es como minar piedras preciosas, donde primero encontramos información y pistas, y luego tenemos en nuestras manos la valiosa veta que idealizamos. Explora la mina inagotable de la alegría, en todas las situaciones, en cualquier evento o tarea.

Jesús ya hablaba a sus discípulos del cielo en las almas y es en este ámbito donde debemos aplicar todas nuestras fuerzas, para que todos nosotros, espíritus encarnados o desencarnados, volvamos la vista a una inmensa obra de gran conquista: la conquista de nosotros mismos, después de superar nuestras propias carencias, conocer nuestras debilidades y corregirlas. Por lo tanto, la autoeducación es nuestro mayor interés. El poder de la alegría nos ayudará mucho cuando aprendamos a dominar y valorar este don divino puesto por Dios en nuestro corazón. Nunca puede haber felicidad sin alegría.

AMOR, REGALO DIVINO

El amor nos recuerda la verdadera fuente de la que emana en todo su esplendor. El amor es como el Sol, que en su poder de dar se divide en innumerables rayos y sirve sin especular, sirve sin exigir ni pedir la devolución de los mismos recursos que fueron ofrecidos a los necesitados de estas bendiciones. Este cariño divino llega a nosotros en la expresión más rudimentaria que se pueda entender, para que comprendamos al Creador, sin olvidar a Cristo en nuestro aprendizaje.

La verdadera curación llega a través de los hilos del amor en todas sus ramificaciones de conocimiento. La sabiduría marca la presencia del amor en la Tierra, a través de innumerables escuelas y diversas academias de enseñanza. Las religiones se entrelazan para cuidar de las almas en diferentes escalas de elevación espiritual, aunque presenten divisiones, a causa de los hombres. Es la fuerza del amor que sostiene a todas estas comunidades.

La filosofía no existe sin amor; la política busca su sustento en tiempos de angustia; el hogar no puede vivir sin los principios del amor y las naciones intercambian esta fuerza divina para mantenerse en pie. El universo canta la melodía del amor en todas sus dimensiones. Depende de nosotros comprender esta herencia, esta herencia que nos ofrece el Padre Celestial.

Si deseamos curarnos de nuestras enfermedades, ya sean congénitas o adquiridas por falta de respeto a las leyes naturales que rigen nuestra vida, el primer paso es amar, el segundo es amar y el tercero, amar. Partiendo de este principio, no perdemos el camino que nos conduce a la armonía interior, porque nos predispone a la paz de conciencia y da pautas a todos los sentimientos, corrige las ideas y mejora las palabras.

El amor es un don divino, ya que es un atributo de la divinidad que se manifiesta en toda la creación. ¿Quién no siente amor perfumando un jardín, en el silencio propio de los árboles? ¿Quién no siente que el amor florece y se expande en los niños? ¿Y qué pasa con los hombres que sintonizan? Brilla en las estrellas y cae con las lluvias. Camina en los vientos y se manifiesta en el fuego. Él los espera en los libros y los beneficia en las escuelas. Él, en todo caso, muestra su presencia en el hogar; vive en lo místico y lleva el espíritu al éxtasis. Entra por tu cabeza y sale por tu boca. Él también es salud, si puedes comprenderlo, él es la vida misma, vibrando en la vida de Dios.

Cuando hablas con alguien, si mantienes tus pensamientos en el amor y sientes esta fuerza saliendo de ti hacia quien te escucha, harás maravillas y la práctica te mostrará cuánto más puedes hacer en favor de la paz de todos los seres. Esta fuerza de Dios, para manifestarse a través de ustedes, requiere un ambiente de fe y una atmósfera de alegría desde su corazón. Si los hombres supieran lo importante que es la voluntad de amar para su felicidad, si las criaturas descubrieran el tesoro que cada uno lleva a su alcance, nunca se quejarían de la vida, ni se preocuparían por los problemas. El mal se organizó en la Tierra por falta de amor en las almas que aquí habitan.

Deben utilizar un medio que los ponga en contacto con la oferta de un amor mayor: la humildad, a través de la oración, sin olvidar las muchas puertas que se abren en este sentido, a través de la práctica de la caridad.

Cristo fue, es y será siempre para todos nosotros, el Maestro por excelencia, que nos ayuda a despertar este gran don en nuestro corazón. Si deseas salud, hermano mío, intenta comprender la farmacopea de Dios, que está siempre presente en ti, utilizando el poder fantástico de este complejo llamado afecto, sintonía alegría y comprensión, fraternidad y dulzura, unidos por el supremo excipiente: el amor.

EL SOL NACIENTE

El Sol emite energía que dirige la vida a todos los planetas y los sostiene, como un padre que lleva a sus hijos en brazos y una madre que los amamanta en el pecho fértil e inagotable del amor.

Hasta el día de hoy, la ciencia humana ignora muchos fenómenos relacionados con la presencia del astro rey. Fue creado por voluntad divina y está siendo mantenido por altas inteligencias, que le suministran luz de época en época, en la secuencia de comportamientos estelares. Si él es vivificante en todas direcciones, ciertamente es vida en todas las circunstancias. Los rayos del Sol son portadores de energías pulsantes que se manifiestan en los hogares terrenales, según el sistema organizado y la evolución de cada planeta. Llega a los hombres respetando las mismas leyes, sostiene a los animales respetando la misma evolución.

Cada criatura absorbe la esencia solar en las medidas que su alcance espiritual exige. Aquí es donde opera la gran ley llamada justicia. El hombre iniciado en la ciencia universal por las escuelas del tiempo, por el libro de la Naturaleza y por la poderosa fuerza de la voluntad, mantiene afinidad con el Sol y recibe, a través de sus rayos, lo que desea y necesita para mantener su propio equilibrio. Quienes saben donar reciben de vuelta, a través del Sol, recursos inconmensurables cuando los necesitan.

El microcosmos tiene el mismo retrato que el macrocosmos. Esto es, por tanto, una verdad. Si pueden entender, si ya tienen noción de lo que es un átomo, con su procesión electrónica, es el retrato del Sol con su procesión de planetas y las leyes son las mismas que rigen las dos expresiones de la vida.

El microcosmos, así como el macrocosmos, te ayuda a vivir, expresa interés en ayudarte, dependiendo de ti, en el entrelazamiento de los intercambios energéticos. Es donde el amor no tiene reemplazo. Es el elemento capaz de hacer circular las bendiciones de la vida, el equilibrio y la paz que también se llama salud, donde los grandes no pueden lo que puede operar se llama el pequeño a servir y viceversa. Mientras desprecies esta fuente de vida vivirás triste, sin inspiración para la felicidad y sin dirección para tus pies.

Ama al Sol, y él te devolverá este amor en la multiplicación que las leyes le garantizan y estas leyes son las mismas que funcionan cuando plantas una semilla y la naturaleza te ofrece miles y, a veces, millones de ellas, renovadas en sus estructuras. Es dando que recibimos, se ha dicho. No olvides, querido lector, exponerte a los rayos del Sol por la mañana, para que te vistan de luz y, en la luz, te den lo que necesitas. No es solo vitamina D la que aporta, sino también otros elementos que necesitas y que solo el futuro podrá revelar.

Un ejercicio de respiración frente al Sol naciente te enriquece con factores esenciales para tu salud. El agua que debes beber, cambiada de vaso en vaso en presencia de la luz del Sol por la mañana, se energiza, y los elementos agua se encargan de absorber los elementos de luz. Este magnetismo solar planifica y ordena la armonía en los meridianos de tu cuerpo, garantizando bienestar y entusiasmo para el día. Todo está unido en la fraternidad universal. Todo toma forma y da frutos cuando hay amor en el corazón.

El Sol naciente nos recuerda el *"hágase la luz."* Es un ojo de Dios que no nos pierde. Es un molde de esperanza que nos anima a vivir y a vivir.

Comienza a agradecer al Sol que te calienta, agradece esta bendición que te dio el Padre Celestial, que pronto verás de cuánta luz se llenará tu vida.

Nosotros, aquí en el mundo espiritual, lo necesitamos tanto como tú. Para nosotros, por ahora es insustituible.

Pídele hoy a Dios que salga un sol en tu corazón y que ese sol sea de puro amor.

EJERCICIO MODERADO

El ser humano debe configurarse como pieza de belleza y de arte, en el reino donde fue llamado a vivir. La elegancia, en la línea de la moderación y la sencillez, nos hace admirar lo más bello en los acordes de la propia Naturaleza. El ejercicio debe aparecer en la vida, desde el nacimiento hasta el regreso del espíritu a la patria espiritual. Esta es una ley del movimiento, pero, como toda actividad, exige moderación y continuidad.

El corazón es uno de los primeros que, a las pocas semanas de embarazo, señala movimientos rítmicos, comenzando una vida física más presente en el útero materno y, cuando nacemos y respiramos, todo se mueve más bruscamente.

El niño es, por naturaleza, inquieto, porque el cinetismo es vida y desarrolla todos los órganos. La sangre irriga todo el cuerpo, llevando una vida más activa a los puntos más pequeños de nuestro cuerpo y a la savia donde el oxígeno es uno de los elementos más necesarios por el organismo. El alma; sin embargo, de todos estos elementos, la energía de todas las energías, es lo que se puede llamar grana, muy conocido entre los espiritistas de todo el mundo, que garantiza y sostiene el equilibrio en todas sus formas. Su mayor depósito se encuentra en profusión al sol. El Prana, como agente de Dios, viaja en todas direcciones utilizando los rayos del Sol como vehículo. Este deleite divino llega con mayor frecuencia donde hay armonía. Ésta es la clave para atraerlo y es bueno que sepas que la armonía se adquiere practicando las virtudes que enseña el Evangelio de Jesús.

Si el Sol es un depósito de prana en cantidades indescriptibles, el cuerpo humano también deposita esta energía divina compatible con sus necesidades. Y esta cantidad puede aumentar cuando el espíritu conoce y practica ciertas leyes que regulan su función benéfica.

Esta fuerza cósmica canta en la más perfecta armonía en toda la creación como el aliento de Dios perfumando el infinito y despertando la vida en cada rincón de la casa del Señor. Quien comienza a familiarizarse con este fluido divino comienza a sentirlo y absorberlo a través de las antenas del alma y restablece cualquier disfunción en cualquiera de los cuerpos que toma el espíritu para expresarse como hijo de la divinidad.

Si aun no lo has hecho, intenta hacer algo de ejercicio, sin olvidar la moderación. No importa la edad. El tiempo marca su presencia en la ropa física y, cuanto más vieja es la ropa, más necesita reparación. El ejercicio moderado, como ya hemos dicho, es un gran estimulante. Abre su camino en el cuerpo, devolviendo la juventud a expresarse incluso en las personas mayores.

Aprende a respirar, mentalizando la inhalación de prana junto con el oxígeno, tu salud se multiplicará y algo nuevo surgirá dentro de ti, como un sol saliendo con nuevas esperanzas.

Tus pies necesitan movimiento. Camina todo lo que puedas; sin embargo, no querrás copiar a la persona entrenada en las caminatas largas, sino haz lo que puedas dentro de tus fuerzas. Cualquier distancia que camines cada día registra en tu cuerpo el esfuerzo que has realizado, así que no dejes de hacerlo.

Si te interesa la natación, practícala pensativamente, recordando que el agua es un líquido que pasó por las manos del Creador y, al entrar en ella, sentiste amor por aquello que te ayuda a vivir mejor.

Es bueno que recordemos el Evangelio en este momento, cuando nos enseña: *"Dad gracias en todo, porque esta es la voluntad de Dios para con vosotros."* Utiliza siempre la moderación, ya que es la llave que abre todas las puertas a la salud.

MEDITACIÓN

El advenimiento de la meditación es el precio de la madurez. El espíritu evolucionado siempre busca algo que le falta, a través de ondas mentales, cuyos recursos existen con él desde su formación en la paternidad universal.

A través de la meditación llegamos a saber qué es difícil de aprender en las escuelas y en los libros. Es la verdad que nos llega a través de los hilos de los sentimientos y habla mucho más fuerte de lo que escuchamos.

Cuando aprendemos a meditar, las barreras del espacio desaparecen y el tiempo se convierte en un presente eterno. Si quieres aprender esta gran ciencia, comienza con la oración. Es el primer impulso que te llevará a la armonía mental. La contemplación, en el molde de Jesús, como Él nos enseñó con el ejemplo, consolida nuestra fe sin argumentos, nos hace sentir la certeza del mundo espiritual sin opresiones y nos deja un equilibrio de conocimientos sin imponer ideas. Se trata, por tanto, de sumergirse en la suavidad de la inteligencia universal y extraer el elixir de la sabiduría del gran suministro de Dios. Sin embargo, debemos prepararnos para conocer, en lo más profundo de su término, qué es la retirada, ante la fuerza suprema que nos gobierna.

La meditación es parte de la salud y nuestro estado de salud nos inspira a meditar. Si tienes alguna enfermedad, no te desesperes. Reúnete en oración de corazón y busca reflexionar, ya que los hilos de tus pensamientos te traerán la inspiración necesaria para lo que hay que hacer. Bebe con los labios de la fe y la dulzura de tu corazón la esencia de vida que existe en cualquier lugar, pero siempre al ritmo de la naturaleza, donde no hay armonía no puede haber salud. Cuando alguien habla, escucha; cuando alguien te hiere, no te defiendas; cuando los problemas lleguen a tu puerta, no te desesperes; Cuando las espinas de la desgracia quieran impedir tus pasos hacia el bien, no uses la impaciencia. Avanza con serenidad y el sol del amor aparecerá en tu corazón. A continuación te presentamos algunos pasos para que la salud surja en tu cuerpo y la paz florezca en tu mente.

Premeditar el bien es un factor divino, en la esperanza divina que la Tierra se consolide en su programa, elaborado y ayudado por Jesús, en el guion de la caridad. En momentos de meditación, ayuda. Haz tu parte en el campo de esta beneficiosa Ciencia. Entra en tu habitación, ora al Padre que está en el cielo en secreto, establece tus pensamientos en la pureza que te inspira el corazón en Cristo, visualiza a tu alrededor una atmósfera de puro amor y alegría. Intenta sentir estas sensaciones como si vinieran de tu corazón a favor de la Humanidad. Busca la serenidad adecuada al momento y respira estos fluidos que se hinchan a tu alrededor, llenos de magnetismo superior, que te pondrán en plena sintonía con la mecánica universal y tus órganos obedecerán al ritmo de la naturaleza. La salud será restaurada, porque manos invisibles responderán a tu voluntad de contribuir a la paz de todos los seres. Dona, hermano mío, todo lo que puedas, y la ley se encargará de ofrecerte todo lo que necesites. Una gota de agua que tus manos generosas envían en beneficio de alguien es un chorro de luz que brillará en tu camino. El valor de la caridad no está en el tamaño de la ofrenda, sino en la forma en que uno siente el regalo. Cuando tu vida esté moldeada por innumerables sentimientos altruistas, ya no sentirás lo que haces a los demás como un favor, sino simplemente como si estuvieras cumpliendo con tu obligación ante tu conciencia. Si hay alguien que se beneficia de esto, serás tú. Todo viene de Dios. No debes olvidar esta realidad inmutable. Somos simplemente sus hijos, más o menos obedientes.

Demos gracias a Jesús, por lo que ha hecho por nosotros, en el sentido de conocer la voluntad del Padre y meditemos en el Señor, para que Cristo no nos deje sin trabajo en el gran cultivo de la vida, porque así conquistaremos la verdadera salud.

EL PODER DE LA AMISTAD

La amistad converge desde puntos similares, donde los corazones se unen en plena fraternidad. El afecto mutuo es garantía del amor y el desencanto de los sentimientos es falta de Cristo en el corazón.

La presencia de Jesús altera todo el ambiente en disonancia, transformándolo en cordialidad y el afecto se convierte en atmósfera común entre las criaturas. El hombre ignorante presupone que aquello o quién le desagrada debe ser olvidado, cuando no despreciado, maltratado y perseguido. Mientras tanto, la filosofía del Evangelio afirma lo contrario: que debemos unirnos siempre y que el amor debe surgir en todo y en todas las almas, porque para esto fuimos creados. El poder de la amistad nos lleva a creer en la felicidad y la esperanza nos anima a conseguir grandes cosas. Estar complacidos unos con otros deja clara nuestra inteligencia, sin subestimar los ideales de los sentimientos elevados.

Cada paso que damos, en el camino del bien, para ganar amistades es una luz que encendemos en nuestro ascenso hacia la liberación espiritual.

La atracción entre personas tiene mucho que ver con la presencia del amor. El afecto es una cosa muy seria. Tan pronto como lo recibimos o lo donamos, reconocemos la manifestación de amor que solo existe en abundancia en los planos mayores de la vida. Él, en la Tierra, puede a veces parecer involucrado en fuertes intereses físicos o exigiendo intercambios inconfesables. Sin embargo, lleva en su corazón, si podemos decirlo así, una luz inmortal, que mañana brillará como las estrellas, en divina armonía. Nada está perdido, volvemos a decir. Todo lo que plantamos nace y renace por mil medios, en la multiplicación de la vida, en busca del esplendor de Dios.

No puede haber vida sin convivencia, sin consuelo en la exuberancia de la fraternidad. No puede haber salud sin la poderosa fuerza de la amistad. Ella es quien nos ofrece el lecho para recuperar las fuerzas cuando estamos débiles; nos da comida cuando tenemos hambre; nos proporciona ropa cuando estamos desnudos; nos ofrece agua cuando tenemos sed; nos trae medicina cuando estamos enfermos; Él nos muestra alegría cuando estamos tristes; nos proporciona compañía cuando estamos solos.

La amistad es lo que nos da valor para vivir, ante todos los problemas y desgracias. Si este nivel de vida es el mejor, hagamos amigos, nos advierte el apóstol Pedro y, para ello, es imprescindible que el amor surja en el corazón y que la armonía se extienda entre los hombres.

Sin embargo, toda intimidad requiere vigilancia, para que pueda durar, apreciando la eternidad. Toda enemistad ignora el valor del buen comportamiento y, si vivimos discutiendo, alejándonos de nuestros semejantes, dando alas a la calumnia y fomentando la discordia, nunca estaremos sanos. La salud es armonía en todo lo que pensamos y hacemos. Si alimentamos el odio contra nuestros compañeros, se produce una disfunción en todos nuestros cuerpos, llevándonos a la enfermedad mientras dure nuestra ignorancia.

Jesús nos conduce, a cada segundo, hacia la conjunción de nuestros ideales en la amplitud de todos nuestros sentimientos, hacia la grandeza de la amistad.

Sé amigo de todo y de todas las criaturas, y la salud aparecerá en tus caminos, como la luz del Sol para hacerte feliz.

CARIDAD VIGOROSA

La caridad vigorosa es la que está libre de descuidos y está activa dondequiera que vaya. El alma desocupada está sujeta al desinterés para bien y siempre indispuestos al progreso. El trabajo es una ley universal, cuya fuerza sostiene la creación, armonizando los mundos y dando vida a todos los seres.

El espíritu trabajador organiza a su alrededor un clima divino, en forma de fluidos espirituales, capaces de alimentar la esperanza y la fe, reuniendo los recursos de la naturaleza para que quien trabaje pueda estar sano. Lo pueden hacer tanto los ricos como, ciertamente, los pobres y el valor de su presencia corresponde al sentimiento de quienes lo hicieron. Vale la pena recordar la exaltación dada por Cristo a la viuda pobre al arrojarle solo dos monedas a la ofrenda, notificándola como más caritativa que los ricos que hacían tintinear sus monedas, en señal de grandes donaciones.

Pueden sentir el consuelo de la caridad en su corazón; sin embargo, sin donar cosas materiales, ya que la donación depende en gran medida del estado íntimo del donante, manifestando amor por todos los seres y paz por toda la creación. Pero es bueno que no olvides que el apego nubla todo sentimiento de verdadera beneficencia. Este altruismo al que nos referimos está ligado al desapego. La caridad hecha con agrado en el corazón es luz que tiene la divina capacidad de transmutarse en amor, cuando la practican quienes no maltratan, no desconfían, no tienen apego, no lastiman, no desprecian, no blasfeman y no juzgan. Ella es libre por naturaleza y liberada por capacidad espiritual, porque no lleva consigo las cadenas de la ignorancia.

La caridad vigorosa olvida siempre las ofensas y el perdón constituye su entorno natural. Nunca, jamás, esperes una oportunidad para vengarte, ni pierdas el tiempo en escuchar o esperar el agradecimiento, lo que siempre facilita un clima de vanidad. Si buscas la salud, depende siempre de la caridad.

Comienza el día diciéndolo a ti mismo, despejando tu mente de la melancolía común a quien despierta, con una oración de gracias a Dios por el sueño y, al decirlo, prepárate para sentir alegría. Medita en el amor, para que los hilos de tu mente busquen más y encuentren a alguien que pueda ayudarte.

Quien mantiene el mal humor se destruye a sí mismo y se olvida de su propia felicidad. Cuando hables con alguien al levantarte por la mañana, hazlo con una ligera sonrisa en el rostro, porque la naturalidad es el resultado de un esfuerzo paulatino y si todo el mundo hace esto en casa, en poco tiempo no habrá lugar para la tristeza y bienestar. Esto ocupará los corazones de todos los miembros de la familia.

Todo en la vida es alegría. Todo canta, desde el acomodo interno de las cosas, hasta las más altas expresiones visuales y el espíritu, siendo rey de la creación, como hijo más consciente de Dios, no debe perder esta armonía que alimenta el amor en el corazón. Tus manos son tus herramientas. Trabaja con ellas. Tus ojos son tus luces. Ilumina con ellos. Tu boca es tu fuerza para sembrar la caridad. Úsala en el servicio de Dios y Jesús no te olvidará, en la entrega del gran premio llamado tranquilidad imperturbable de la conciencia. Y conocerás de cerca lo que también se llama felicidad. Caridad vigorosa es la que no olvida desde lo mínimo hasta lo máximo, la que se entrega con la misma serenidad y el mismo interés en servir por amor.

COMPAÑÍAS ESPIRITUALES

Atraemos según quiénes somos en el tejido de nuestros pensamientos y siempre enfatizamos lo que experimentamos.

La naturaleza no conserva lo que es: muestra la realidad a la luz de la vida misma. Es la capacidad de todas las criaturas de conocer a los demás, incluso si estudian formas de ocultar sus propias deficiencias. El sol de la verdad hace desaparecer las sombras de las ilusiones. Los espíritus despertados a Cristo deben tomar fuerzas y aunar medios para su renovación interior, porque lo que nos afecta exteriormente viene al llamado de la voz silenciosa desde lo más profundo de cada ser.

Aprovechen el tiempo que pasa y enciendan sus luces, con la energía divina que nos proporciona el Evangelio y nunca volverán a los brazos de las tinieblas.

Las inteligencias que han olvidado a Cristo y enredan obsesiones nunca actúan solas. Obedecen a la ley de sintonía, presente en todas las formas de vida. El obsesionado siempre culpa a los espíritus que se entregan a la venganza. Sin embargo, olvidan el poder de fuerzas similares que conectan los corazones de personas encarnadas y desencarnadas.

La luz se enciende cuando ascendemos espiritualmente. La voluntad es el punto culminante de nuestra liberación y de nuestro sufrimiento. Los compañeros espirituales que tenemos nos muestran quiénes somos. Sin embargo, la misericordia de Dios no nos deja huérfanos y almas muy elevadas nos acompañan, cargando la cruz del ambiente pesado que alimentamos, renunciando al propio consuelo, para ayudarnos, por amor a la gran causa de la fraternidad universal.

Incluso en la Tierra, hijo mío, si quieres saber quién eres, mira con quién andas. La elección de tus amigos es un reflejo de tu personalidad. A menos que, en algunos casos, la caridad te invite a ayudar a los caídos y sostener a los desafortunados, a ir en busca de los que sufren y a llevar consuelo a los encarcelados, es tu responsabilidad saber con quién te sintonizas a través de la llama viva de tu corazón. Tu salud depende mucho de la compañía que tengas. Aquí nos referimos al bienestar de todos los cuerpos que sirven al espíritu en el viaje evolutivo.

El hombre elevado siempre está asediado por enjambres de almas sufrientes y, a veces, por terribles malhechores, que siempre lo buscan tratando de desvirtuar sus ideales más sagrados; sin embargo, el bien es un Sol que nunca se apaga.

Si tu compañía te ataca, medita quién eres y qué estás haciendo, porque cualquier punto de sintonía, aunque sea casi imperceptible, genera vibraciones de la misma resonancia y los dos campos de fuerza se entrelazan, en la más perfecta simbiosis espiritual e incluso física.

La ley va de la mano de la justicia, de modo que la justicia se transforma en amor cuando se respeta la ley.

Tus compañeros espirituales son tu propio reflejo en otra dimensión. No los maltrates ni los condenes; no huyas ni persigas. Establece un esquema para ayudar con serenidad y trata de dar amor sin exigencias, porque ellas, tus compañeras, también fueron creadas por Dios y seguirán siendo tus hermanas en Cristo.

No hables de personas que hablan palabras contra ti. Si estos hechos suceden, da testimonio de benevolencia y perdón incondicional. La premeditación del delito es peor represalia, porque lleva el fermento de la venganza. No culpes a nadie de tus desgracias: están en la dirección correcta. Cambia tu dirección, cambiando tu vida. Busca al Cristo que te busca desde hace mucho tiempo, buscando esclarecimiento en la gran ley de los iguales, que no te deja olvidar que lo semejante atrae solo lo similar.

CONTAMINACIÓN MENTAL

Las ondas mentales se propagan en el espacio infinito e invaden todo el complejo humano, donando energías teñidas de sus propios sentimientos. Si falta la educación del pensamiento, si se olvida la disciplina en el modo de pensar, nos destruimos a nosotros mismos y violamos la ley del equilibrio, a donde podemos llegar con nuestros pensamientos.

Es tanto ley que respondemos por lo que hacemos mal a los demás, como también es ley que recibimos el bien que donamos a nuestros semejantes. Los vientos de los pensamientos deben ser vigilados antes de su formación y cuando estén listos, ser cubiertos de amor y alegría.

Tus cualidades superiores deben ser estimuladas sin agresión, pero nunca abstraídas ante las dificultades. Todo camino hacia la victoria requiere que caminemos paso a paso. Nunca debemos hacer las cosas sin pensar.

Estamos sujetos, encarnados y desencarnados, a la contaminación mental. Tenemos una atmósfera que nos envuelve, viva, circulante, con un poder de atracción sin igual en el campo de la ley de la gravedad. Magnetizamos constantemente nuestra aura a través de nuestros sentimientos y atraemos a iguales, por ley natural. Debemos buscar en Jesús una guía más profunda a lo largo de las líneas armoniosas de su Evangelio, cuando acertadamente subraya: *"Orad y velad."*

La oración nos predispone al cultivo de las virtudes, además de darnos una mayor capacidad para analizar lo que debemos hacer. La oración nos lleva a respirar y comprender la ciencia de los cielos y la observación nos enriquece con todos los matices de la educación en la Tierra, en el ejercicio de la disciplina de nuestros impulsos inferiores.

Cada vez que hables con alguien, intentando mejorar tu comportamiento, le estarás dando a esa persona la fuerza para renovar su mundo mental. Estarás ofreciendo salud en forma de estímulos para cambios de pensamiento y quien te escuche sentirá un bienestar indescriptible, porque el amor es de naturaleza universal y es una luz que sostiene la vida en cualquier ámbito donde brille. Sin embargo, quien recibe también debe donar a cambio. Este es el momento en el que debes prestar atención, para no recibir impresiones negativas en tu atmósfera mental. La contaminación puede ocurrir, pero los intercambios son ajustables por el espíritu que ya ha comenzado en la verdad. Esta es una ciencia espiritual que todos deberíamos conocer, para servir mejor, sin hacernos daño.

Visita al prisionero, transmitiéndole tu vibrante energía de amor, sin recibir de él magnetismo nublado de miedo o venganza, dudas y deudas.

No dejes de acudir a los hospitales para llevar esperanza y salud a quienes sufren; sin embargo, no te alimentes de las formas pensamiento que allí se volatilizan en busca de armonía con las enfermedades y las tristezas.

Busca a los hambrientos y desnudos, donando alimentos y ropa a su favor, sin olvidar el aliento y la alegría para sus corazones, pero ten cuidado de no ponerte en su lugar.

No te enojes con los irritados, ni blasfemes con los desesperados. Estás siendo llamado para ayudarlos. Coloca a tu alrededor la seguridad espiritual y ésta solo se encuentra en el amor, que se divide en innumerables obras, al servicio del bien. En verdad, la Tierra está contaminada con formas pensamiento negativas, que la atmósfera física y espiritual desplaza en todas direcciones y se asientan donde encuentran sus iguales. Mientras tanto, pueden ser removidos y neutralizados por el aura humana de quienes han decidido cultivar a Cristo en sus corazones. Y la caridad en la Tierra es una fuerza vigorosa, que nos sostiene en el amor y nos defiende de todos los ataques del mal, encendiendo un Sol en nuestro interior, que calienta nuestro espíritu y purifica nuestros ideales.

SERENIDAD

La verdadera serenidad proviene de una limpieza profunda de la conciencia, de los residuos kármicos y el responsable de esto es el precioso tiempo que dedicamos al ejercicio del amor.

Cristo es el estándar más alto de mansedumbre. Cuando pasó por la Tierra, demostró la más perfecta e imperturbable tranquilidad en todo lo que pensaba, decía y hacía. Su mente majestuosa estuvo siempre en pleno acuerdo con la mente divina. Y para que la Humanidad no quedara huérfana, después de Su partida a las tierras altas de la vida superior, Él inspiró a Sus discípulos a estructurar un esquema de reglas, en el tejido de Su conocimiento, que ni siquiera el tiempo puede alterar.

Todo espíritu que adquiere mansedumbre permanente, en su pensamiento, en sus palabras y en su modo de ser, ya ha comenzado a adentrarse en el camino de la paz de conciencia, gozando así de una salud envidiable en todos sus cuerpos.

Cuando tus manos están ocupadas en el trabajo, piensa también en la serenidad y sentirás una luz beneficiosa en tu corazón. Utiliza esta función mientras comes o cuando hablas con alguien o también, durante los ejercicios de respiración.

La serenidad se alimenta de los deberes cumplidos, en quien no se desvía de las normas del sentido común, ni de las reglas de oro del entendimiento. Todos nosotros, encarnados y desencarnados, buscamos la salud. La armonía nos fascina y nos lleva a creer en la felicidad; sin embargo, la verdadera salud no puede existir sin el amor permanente en el corazón. Es de alta comprensión que abramos nuestros brazos al bien infinito y que lo asimilemos al corazón, porque ante cualquier desviación que quedemos fuera de las leyes naturales, responderemos con vigilancia y sufriremos las consecuencias. Podemos hacer una comparación aproximada: si un vehículo fue hecho para funcionar con gasolina y le echamos barro en el depósito, se paralizarán todos sus engranajes y ya no nos será útil en nuestro trabajo. Bueno, los cuerpos que sirven al espíritu inmortal están todos estructurados según una línea de armonía, en el sentido de utilizar el amor como combustible. Cada vez que nos adentramos en el fango del odio, la envidia, los celos, el egoísmo, la duda, la calumnia y el orgullo, la arrogancia y la pereza, paralizamos o dañamos estos cuerpos y sufrimos el retraso en nuestra evolución y perdemos la serenidad.

Si quieres alcanzar esta serenidad, lo mejor es no discutir con los ignorantes. Háblales con palabras de ejemplo, sin querer imponer tus ideas. Respeta los ideales de tus compañeros, manteniéndote firme en el que elegiste.

No te apresures a difundir la verdad, tal como es por sí misma, se irradia. La verdad es la verdad, nadie puede borrarla. Es como un sol de Dios, ayudando en los caminos de las almas, nos guste o no.

No anuncies a tus hermanos en el camino el bien que haces, porque recibes mucho más de lo que das.

Sé sencillo como palomas y sabios como serpientes. Nunca deberías querer intercambiar virtudes.

Nunca debes exigir lo que haces a tus semejantes: ayúdales por amor, y ese amor garantizará la verdadera paz en tu corazón. Tu tranquilidad imperturbable surge de varios puntos de tu conducta. Es cierto que es hija del amor; sin embargo, este amor, para ser reconocido en la Tierra, se divide infinitamente con diferentes nombres, para actuar sobre los sentimientos de las criaturas.

Una vez más te decimos que debes pensar, hablar y vivir, en un ambiente de serenidad, tanto como esté a tu alcance y verás qué bueno es esforzarse por ser felices.

RELAJACIÓN NECESARIA

El organismo humano está predispuesto a casi todas las enfermedades, debido a la tensión nerviosa que hoy se observa en todo el mundo. Desde la población rural hasta los líderes nacionales, todos sufren, en mayor o menor medida, las consecuencias del "mal de hoy": el estrés. Viven bajo la presión del comercio y la política, la civilización y los intereses, las adicciones a la comida, la ropa, el entorno en el que viven y el deseo de alcanzar una meta que, en la mayoría de los casos, no es la que les conviene. El hombre moderno no se conforma con nada. Quiere todo lo superfluo, aunque sea a costa del sudor de los demás.

Cabe señalar el malestar que demuestran los jóvenes, que ya en su formación congénita absorbieron este estado depresivo de sus padres, de quienes heredaron sus cuerpos. Es la semilla pervertida, generada por la falta del verdadero alimento para el alma, llamado amor.

Los analistas están agotados, los psiquiatras y psicólogos se esfuerzan por restablecer el equilibrio psicodinámico de los seres enfermos, pero no consiguen casi nada, ya que buscan el origen de los desequilibrios de forma equivocada.

La educación espiritual es la base de toda salud. La medicina no debe suprimir los métodos de tratamiento espiritistas. Ayudan a renovar las fuerzas internas del espíritu, descargar el magnetismo inferior del alma y preparar el campo mental del alma para el buen efecto de los medicamentos, facilitando el trabajo del terapeuta. Si nuestro tema es la relajación, vamos por ello: muchas veces, un simple hecho nos lleva a la victoria que deseamos y nuestro deseo ardiente al dictar este libro, es inducirte a tener, o mantener, tu salud y, para alcanzarla. Hasta la armonía, la confianza es fundamental. Busquemos, pues, todas las direcciones que puedan estimular nuestra fe, en el hombre y en Dios, para que podamos creer en la consecución de la salud.

Creer es muy interesante para nuestros ideales curativos. Llegaremos a una etapa en la que la cura de todos los males estará a nuestro alcance a través de todo lo que vemos, sentimos, comemos, respiramos e incluso en lo que vestimos. Nuestra salud depende de nosotros. Vamos, pide por boca del conocimiento y golpea con las manos del entendimiento y el resto vendrá por añadidura de misericordia.

La relajación es una puerta de entrada a la salud, ya que armoniza tus nervios, suavizando tu campo energético.

Sigue las orientaciones que te damos a continuación y en unos días estarás cosechando los frutos de la paz interna que has comenzado a producir.

Acuéstate en una cama, a ser posible en el suelo, como desees, relaja tu cuerpo como si fuera un paño húmedo; sigue "liberando" el cuerpo, cada vez más, dando órdenes mentales a todos los miembros para que se ablanden y se calmen; mantén la mente libre de pensamientos que no son de paz y salud; crea mentalmente un aura de tranquilidad y bienestar y respira esta atmósfera de armonía y amor.

Con el tiempo y tu buena voluntad aprenderás a relajarte, estés donde estés; caminando, sentándote e incluso conduciendo un vehículo, hablando con los demás o escuchándolos. Todo se convierte en motivo de experiencias elevadas. No existe mejor medicina para tonificar el sistema nervioso y es una gran protección contra los ataques de muchas enfermedades.

La relajación alivia la circulación y devuelve el ritmo de las pulsaciones desordenadas del motor sagrado, que a veces se agita con los ambientes inferiores, muy comunes en los ambientes en los que normalmente se vive. Nunca debes ejercitar la relajación involuntaria. Intenta salir de esta negatividad, a través de los procesos indicados en estas páginas y ejercita el proceso de relajación, ya que es como una oración para una mayor serenidad.

La clave del éxito es la confianza en lo que haces.

ORACIÓN A LAS ESTRELLAS

Las estrellas corresponden a nuestro cariño. Son mundos que dan luz en todas direcciones y esta energía divina que viaja por el espacio infinito se suma a los espíritus y a las cosas, transformándose según nuestras necesidades físicas y espirituales. Sin embargo, cuando practicamos la oración, el enriquecimiento de esta energía es sumamente grande.

Debes saber que todo vive en la sensibilidad que Dios le dio, que todo siente la amistad que transmitimos, que todo está en perfecta sincronía, en el hogar universal.

Nada puede resistirse al amor. Si amas una simple piedra, en la forma divina del término amor, ella te responderá, en el silencio propio de su estado, en sutiles donaciones que a veces no percibes, pero que son valores inmortales. También lo son las plantas, los animales y todas las cosas existentes: los mundos, los soles, los espíritus y Aquel a quien debemos toda reverencia.

Si queremos buscar la armonía orgánica y psíquica en todas nuestras prendas, estar en sintonía con los astros será un camino saludable para nosotros. Debemos enviar pensamientos de humildad y gratitud a las luces benefactoras y ellas descenderán hasta nosotros, a través de lo que aun no conocemos, para suplir nuestras necesidades, como manos de Dios ofreciéndonos salud y alegría, paz y amor.

Los espíritus encarnados y desencarnados deben agradecer al Padre Celestial por este don divino del pensar, esta facultad que trasciende todas las ciencias terrenas y cuyos engranajes se esconden en los pliegues de innumerables siglos. El pensamiento es una fuerza de Dios en las almas. A través de él podremos estar presentes en toda la creación y con el empuje evolutivo de la mente, la energía mental es capaz de buscar todo lo oculto exterior, revelándonos los secretos paulatinamente, según nuestro avance espiritual. Pensar es traernos los recursos de Dios, que se encuentran en el suministro universal. Las ideas que transmitimos llevan consigo las imágenes de nuestros sentimientos, en las direcciones que deseamos.

¿Quién no siente alegría al contemplar un cielo estrellado? Representa la majestuosa figura del Creador y el poder ilimitado de Su incomparable voluntad.

Los astros vibran permanentemente el amor que reciben del gran foco universal y, si buscamos comprender este mensaje, mantendrá nuestro equilibrio y nos haremos amigos de esta fuente inagotable de amor.

Entremos en comunión con las estrellas a través de las puertas de la oración, iniciando nuestra conversación con ellas sin fanatismo, entendiendo que las estrellas no son simples luces que adornan el firmamento, sino mundos radiantes de luz y energía. Hagamos esto y una vida mejor recompensará nuestros esfuerzos. La base más importante es la confianza. Dios es el dador, que está presente en todas las cosas, incluso en lo que crees que es nada. Todo lo que existe está ligado a Él y sin Él nada existirá.

Jesús dijo: "*En la casa de mi Padre hay muchas moradas.*" Las direcciones son innumerables, de todo tipo, de distintos tamaños y edades, albergan Humanidades, funcionan como escuelas y cárceles, como hospitales y como entorno de reconstrucción. Puedes ayudar a muchos de estos hogares con tu oración de amor, emitida con humildad. El afecto es una fuerza constructiva, que nunca encuentra barreras para ayudar. No conoce distancias y, allá donde va, deja una huella de comprensión.

Todo lo que hagas, si lo haces con amor, servirá para sanarte a ti mismo, o previniéndote del asalto de todos los desequilibrios que puedan llegar a tus puertas. La oración a las estrellas es una fortaleza, que refuerza la paz de conciencia.

PENSAMIENTO GENERADOR

La génesis de los pensamientos sigue siendo un secreto para los hombres. ¿Cuál sería el mecanismo que hace emerger este milagro divino en el centro de las condiciones humanas? La generación del pensamiento no está bajo el control del pensador. Es una fuerza de Dios que se manifiesta a través del espíritu.

A veces pensamos sin que la razón se manifieste y el producto de esta fuerza puede caer bajo nuestro control, en forma de ideas. La formación de las ideas puede ser disciplinada, para que tomen un rumbo diferente en los ámbitos que deben recorrer.

La fuerza primitiva de la mente aparece clara y pura; sin embargo, se fundamenta en las condiciones humanas cuando toma forma en el ámbito de la vida del espíritu. La energía divina que interpenetra los centros de fuerza y toma un cuerpo mental tiene una sensibilidad indescriptible y en ella registramos nuestros sentimientos, los cuales vienen a dominar, según quienes somos y, por la ley de la justicia, respondemos por lo que somos, donamos a través de nuestras facultades mentales.

Lograremos mucho en el área de disciplinar nuestros pensamientos, siempre y cuando, cuando despertemos a esto, aseguremos los recursos del Evangelio como nuestro camino. Cristo vino a darnos la fórmula más perfecta sobre cómo educarnos. El condicionamiento de ideas elevadas es, por tanto, un principio de reformulación mental; sin embargo, el condicionamiento por sí solo no coincide con la verdad. Es necesario también que nos esforcemos en vivir lo que aprendimos de nuestro Divino Maestro.

El soplo de Dios aparece en nuestras entrañas espirituales para tomar la forma pensamiento; sin embargo, somos nosotros los demás quienes le damos carácter a esta energía, le entregamos el mensaje perfecto de quiénes somos, en la medida en que vivimos.

La salud depende mucho de los pensamientos y su calidad. Si solo tenemos ideas en niveles inferiores, creamos un campo de vibraciones negativas dentro y alrededor de nosotros, donde se alimentan todas nuestras necesidades, empobreciendo la vida misma, degenerando el mundo celular y desorientando el metabolismo físico y espiritual. Y donde no hay armonía no puede haber salud. ¿Dónde podemos encontrar recursos para fortalecer nuestras fuerzas? Primero conocer, luego amar. El conocimiento sin amor distorsiona los valores de la vida misma y el amor sin sabiduría no mejora el corazón. Hay dos fuerzas divinas que marcan el camino hacia la liberación.

Escribimos para aquellos que ya han nacido a una nueva vida, que no alimentan las excusas del "no puedo, no tengo tiempo." El tiempo para nosotros es precioso y debemos utilizarlo como personas libres y dispuestas a reformarnos, empezando de adentro hacia afuera y no de afuera hacia adentro.

Nuestro tema es el pensamiento generativo. El pensamiento educado puede generar condiciones benditas para una vida recta, para una vida sana, tocando los puntos de todos los cuerpos, para establecer la armonía en todos ellos. Y para comenzar tu trabajo debes leer y releer todos estos mensajes y en ellos encontrarás los puntos de partida para adquirir la alegría que proviene de una vida saludable.

Generar condiciones de salud significa respetar las reglas del equilibrio. Quienes solo se tratan físicamente se pierden en el camino y quienes solo buscan la salud por medios espirituales corren la misma suerte. Si estás en la carne, respeta las leyes que la rigen. Estudia la naturaleza y sigue sus ejemplos. Y si no sabes leer sus ejemplos inmortales en la naturaleza, lee primero los libros, especialmente los espirituales, y se abrirán las puertas para que puedas comprender el gran mensaje de Dios, escrito en las cosas.

Tus pensamientos pueden generar bienestar. Edúcalo todos los días, disciplínalo en todo momento, para que tus ideas, encontrando un ambiente similar, generen estados saludables para tu cuerpo.

CÓMO MIRAR EDIFICANDO

Edificar es construir y construir con Jesús es trabajar para construir el bien en todos los matices de la verdad.

Ya es sabido que los ojos son ventanas a través de las cuales el alma encarnada observa el mundo físico, desde la prisión temporal que eligió para elevarse. Cuando miras a alguien a los ojos, notarás algo admirable palpitando en el centro de una vida que habla, incluso en el silencio del cielo, de Dios y de Cristo. Los ojos emiten luces y traen al espíritu imágenes y hechos que la conciencia guarda como guía para el aprendizaje en su viaje infinito.

La mirada puede ser benefactora o fulminante, según la energía que libere, alterada por los sentimientos. Si el amor prevalece en la proyección de la luz a través de la mirada, esta mirada es dulce, sanadora, alegre, estimulante de la caridad y llena de la sabiduría; sin embargo, a través de los mismos ojos se puede repartir innumerables problemas y desgracias, y hasta la muerte, cuando los sentimientos carecen de las reglas naturales planificadas y enseñadas por el Evangelio.

A nosotros, los demás, nos corresponde alimentarnos de esta fuente inagotable de Cristo, para que nuestros ojos bendigan todo y a todos con la luz del amor que viene de Dios. Debes dar a tus ojos la amplitud curativa que nace de la pura alegría y tu boca debe seguir la alegría del ambiente a través de las palabras, garantizando la permanencia de las imágenes que los sentimientos de cortesía prestan al trabajo de la fraternidad.

El estudiante iniciado en la ciencia de Jesucristo crea una fuerza admirable en su mirada y es capaz de obrar maravillas a través de la visión. Los ojos, además de proyectar un poderoso magnetismo curativo que repara todos los desequilibrios, tienen una voz específica que canta dentro de la persona objetivo y el canto es tranquilizador, ya que es una melodía de amor. El alma, construida sobre los conceptos de la buena nueva del reino, está siempre cubierta de luz, transmitiendo paz en la línea de la alegría y la fraternidad. Los hombres de este siglo deben agradecer al Señor por tantas lecciones que bajan a la Tierra, en forma de aliento a los corazones y de ejemplo de las grandes almas que se visten de carne, por amor a la Humanidad.

La Doctrina de los Espíritus surgió entre las criaturas por la misericordia de Dios, para recordar a los hombres, en su pureza lírica, los pergaminos de vida y luz, dejadas al mundo por Jesús, como herencia divina.

Los espíritus hablan en espíritu y en verdad, y basta con un poco de comprensión del bien y del mal, para clasificar los dichos de los que ya partieron y regresaron, para contar la realidad del mundo espiritual, para afirmar que no existe la muerte y que la vida continúa en otra dimensión. La nación brasileña está destinada a mostrar al resto del mundo, más apropiadamente, la deslumbrante belleza de las comunicaciones entre los espíritus y los seres humanos. Y estos mensajeros de Dios, coordinados por el Maestro de maestros, vienen a educar e instruir a las criaturas en el amor más puro y en la caridad sin estridencias.

El Evangelio vivificante trae la capacidad de ser escuela, enseñando todos los conocimientos a los seres de buena voluntad y a mirar construyendo, a trabajar sirviendo y a amar dando en todas direcciones. Les volvemos a decir, lectores, que aprovechen el tiempo al máximo. Al hablar con tus hermanos, concéntrate suavemente en la tranquilidad y la alegría, dejando que tus palabras se llenen de estas virtudes, penetrando en el corazón de quienes las escuchan y, a cambio, tendrás la misma paz, sin que tú la pidas. Cuando tu mirada esté fija en otra persona, opera la misma dinámica, que la vida será para tu corazón un cielo donde Dios y Cristo, los ángeles y tú mismo se encuentran disfrutando de la felicidad.

VIRTUDES ESTIMULADAS

Tenemos una inmensidad de virtudes latentes en nuestro corazón, esperando que las estimulemos para el gran servicio de la fraternidad.

Es justo reconocer que Dios hizo todo en armonía. El desarrollo de estas cualidades es nuestra entera competencia, pero manos invisibles nos ayudan constantemente a estimular estos valores. Todos somos gigantes en potencia y Cristo es el punto de partida de nuestro camino en busca de la luz de Dios; Él nos ayudó a despertar a la razón y nos acompañará hasta nuestra liberación espiritual, a través del conocimiento de la verdad.

Hagas lo que hagas, hazlo liberando tu potencial amoroso, que el amor te brindará las condiciones para vivir generando salud y estar lleno de esperanza en alcanzar la felicidad.

Todo lo que buscas afuera está dentro de ti. Debes ser un soldado de Cristo, trabajando contra tus enemigos internos y Dios siempre estará a tu lado, ayudándote a superar todas las deficiencias.

Sé activo en tu programa de reforma interior; sin embargo, nunca uses la violencia. La moderación es una norma divina, en la secuencia divina del equilibrio. Ten piedad de ti mismo, pero nunca dejes de educarte para instruirte mejor.

Debes intentar vivir con alegría y estudiarla en todos sus aspectos. Es un tesoro que hemos heredado de la divinidad y que debemos cultivar para toda la gente. Una sonrisa, una palabra que induzca alegría puede sanar e incluso guiar a algunas criaturas hacia la esperanza y la fe. Una sonrisa en los labios da una mayor dimensión al alma y, cuando el corazón está lleno de amor, se valora la alegría y damos magnetismo espiritual de alta calidad a nuestros semejantes.

Debes vivir con fe, en todas sus cualidades beneficiosas. Es el soporte de la existencia misma. La fe es el ambiente de Jesús y el clima de los ángeles; medita en la fe, piensa en ella y ejercita este panal de luz en tu corazón, para que lo tengas permanentemente contigo.

Ciertamente conoces el valor del perdón. Búscalo por todos los medios a tu alcance, habla de ello, estudia su eficacia y trata de desarrollarlo en todo momento, porque quien perdona es feliz y podrá ayudar a otros a descubrir la paz de conciencia.

El amor debe ser el sentimiento más grande de todas las criaturas, por ello, es necesario que estimulemos su crecimiento dentro de nosotros, porque a través de él y de todas sus manifestaciones, adquirimos salud, ese bienestar imperturbable que proporciona equilibrio de cuerpo y alma.

Todo crece con la fuerza del progreso y todo lo que existe tiene su valor espiritual; sin embargo, necesitamos saber ayudar en la siembra y en la cosecha, porque el discernimiento es luz que nos acompaña por la eternidad. Nuestro mayor deber es fomentar las virtudes en nuestro camino, así como ayudar a este mismo estímulo en nuestros compañeros, sin vulnerar sus derechos.

La palabra es un vehículo de gran fuerza, mostrando la verdad de los preceptos evangélicos en nuestras vidas; sin embargo, el ejemplo es una fuerza mucho mayor que irradia desde quienes vivimos en rangos de luz, hacia todos los corazones que nos rodean. Nos invade el deseo de llevar a los demás lo que a nosotros nos hizo felices, pero lo que es bueno para nosotros no siempre lo es para nuestros hermanos. El estímulo más beneficioso es el iluminado por la experiencia, en la tranquilidad del corazón.

Todos estamos en busca de salud y solo la encontraremos a través de procesos naturales y según las leyes establecidas por el Creador.

Estés donde estés, no olvides fomentar las virtudes, ya que son la luz que te liberará de todas las sombras.

AFIRMACIONES SANADORAS

Es nuestro deber modelar nuestro pensamiento con las ideas de Cristo, para que podamos sentir la influencia del amor, ese sentimiento que libera el alma en lo más profundo de la conciencia.

Nuestra mente debe ser un campo fértil en la granja espiritual donde crece el árbol de la vida, que se multiplica infinitamente a través de la fuerza creciente del espíritu. El alma no puede olvidar la moderación, pero no debe ser absorbido por la pereza. La llama divina está activa y pulsante, generando constantemente lo que piensas y sientes en lo más profundo de tu ser.

La capacidad de la luz de Dios en el alma llega al infinito y crece según la buena voluntad. Ella es capaz de curarse a sí misma con los recursos mentales y las energías generadas por los sentimientos puros. Los centros de fuerza reúnen medios y fundamentan diferentes formas de curación, una de las cuales es entregar a la mente iniciada en el camino del amor, los valores que, bien comandados por la conciencia instintiva, realzan el tono vital, rejuveneciendo el inconmensurable colmena de células, instalando así la divina armonía en el venerable soma, que el espíritu tomó como morada temporal. Las ideas curativas son diversas; sin embargo, se basan en un único principio: la conocida energía pura llamada prana. Si quieres salud, intenta alinearte con él en sus líneas de luz, trazadas por la ley de la afinidad. Estás en posesión de un gran tesoro, la razón, y de ella proviene el discernimiento que te llevará a alcanzar la paz.

Cultiva afirmaciones en tu mente que garanticen la serenidad; no dejes de encadenar asuntos de elevadas condiciones espirituales; prepara tus labios para conversaciones saludables y trata de grabar de tus compañías solo las mejores cosas que escuches.

Recuerda que la selección con Jesús es la cura para todos los males. Evitemos servir a la calumnia, depurando toda idea de juicio que surja en tu mente y que traiga las cenizas de la vanidad y la inquietud de los celos.

Si buscas la salud, sé benévolo y dedica el tiempo que a veces desperdicias catalogando los defectos ajenos, con la autoeducación. El régimen de disciplina contigo mismo es un entorno seguro para el gozo espiritual. No te preocupes por el tiempo dedicado a practicar la mejora, ya que las gemas preciosas siempre están bien escondidas y el retraso es a veces una preparación para una gloria mayor.

La mente común es adicta al error y cuando es necesario modificarlo surgen algunos trastornos; sin embargo, se debe confiar en la victoria del bien, porque el mal es temporal comparado con la eternidad de la salud. Las afirmaciones positivas pueden comenzar con un simple pensamiento y logro de toda la vida.

Condiciona tu vida a las leyes espirituales y comenzarás a sentir alegría y amor en la educación a la que te sometes. Cada palabra que pronuncias con la intención de lastimar o interferir en la vida de los demás para satisfacer tu orgullo y egoísmo, buscando ubicarte mejor que los demás, está predisponiendo tu mundo interior a diversas enfermedades.

Las adicciones y los hábitos innecesarios son fuentes de enfermedad y, cuando parten del campo mental, alcanzan rápidamente todas las vestiduras espirituales y desorientan el alma en todos sus senderos. Debes intentar construir afirmaciones positivas, porque son fuerzas que te ayudan a sanar.

Ten cuidado en todo lo que digas, para que no dañes tu cuerpo, ya que la palabra nacida de pensamientos inferiores actúa como un corrosivo en la vida que alimenta el mal.

DONACIONES CADA DÍA

Somos dínamos de consecuencias divinas, que generamos fuerzas de todos los matices, en la expansión de la vida que Dios nos dio.

Cuando recibimos la razón, comenzamos a tener la independencia de pensar y actuar en las direcciones donde es nuestra responsabilidad trabajar y servir, aprender y ayudar. Es en este trabajo donde registramos todos nuestros sentimientos con respecto al uso del poder de las ideas. Nuestros pensamientos son energía y transmiten a los demás lo que somos y, en consecuencia, lo que pretendemos ser.

La justicia nos enseña que toda la responsabilidad recae en nosotros y que responderemos por ella, en cualquier campo de sentimientos que alteremos. El hombre de hoy necesita más educación espiritual que ropa; de disciplina que de comida; de fe que de vida social; de amor que de oro. Cada criatura de Dios nació con el pecho lleno de virtudes, talentos que duermen esperando el toque de su propio dueño para que puedan brotar del amor que nace en el corazón.

Las universidades del momento olvidan u dejan de lado la educación de sus alumnos y, en ocasiones, los hogares padecen la misma enfermedad porque abandonan la parte moral del alma, primera directriz del camino del espíritu. Las religiones fueron las que primero se aventuraron a levantar este estandarte donde florece la luz superior; sin embargo, ellas mismas pusieron obstáculo a los conceptos evangélicos, frenando su avance en el tiempo, valiéndose de la fuerza del progreso, pero la bondad de Dios no se hizo esperar y Jesús ordenó que la Buena Nueva fuera conocida en espíritu y verdad por todas las naciones de la Tierra. Y el florecimiento de esta grandeza se manifiesta en varios países, garantizando así la escuela más grande de todos los tiempos: la de educar a los hijos de Dios, creando un ambiente propicio para la verdadera instrucción.

La Humanidad atraviesa una crisis financiera sin precedentes en la historia; sin embargo, la decadencia moral es mucho mayor en todo el espectro de la vida en el planeta. La familia se está desmoronando, el egoísmo ha dominado el comercio, la política ha debilitado la religión y la sociedad está fascinada por el poder del oro. El hombre, en esta aflicción, intenta comprar salud por caminos ilusorios y lucha en la oscuridad como un pájaro en la niebla de la ignorancia.

Ciertamente estamos en el fin de los tiempos; sin embargo, no por eso nos rendiremos ante el monstruo del orgullo y la corrupción que ha llegado a la vanidad. Jesucristo busca nuevos discípulos y ellos ya están allí, en silencio, fijando puntos y estructurando medios para un gran avance donde la sociedad misma será sacudida, mejorando todas sus cualidades y despertando en su corazón una nueva esperanza en los días venideros.

Tendrán que ser hombres de entrega cada día; primero que nada debes conocerte a ti mismo, porque para donar necesitas tener algo para repartir. Tu salud es muy importante y de ella depende la armonía de tu mente, en perfecta armonía con el Universo. Nadie tiene paz si no conoce la verdad profunda, adquirida a través del amor. Las leyes de Dios deben ser obedecidas, porque son las que sostienen toda la creación, al ritmo de la luz que danza en el Cosmos de vida infinita.

Intenta todos los días hacer algo que pueda liberarte. Sabes la forma en que debes actuar; conocemos el bien desde que se nos abrieron los ojos a la razón y todos conocimos los principios de la verdad. Intenta pensar mejor y estos pensamientos te garantizarán la paz. Procura hablar decentemente, ayudando a quienes te escuchan, pues tu palabra te hará crecer en los caminos de la sabiduría. Procura vivir la fraternidad, porque ella no te dejará huérfano del amor. Podrás llenar tu día con pequeñas donaciones y, al final del mismo, estarás rodeado de una atmósfera de luz, capaz de hacerte feliz durante mucho tiempo.

Haz este esfuerzo en los momentos que puedas, y con el tiempo verás que tu cuerpo transmitirá al físico un confort indescriptible y una serenidad que antes no conocías.

ESCUCHA Y HABLA

Todo maestro lo es, por excelencia, porque sabe escuchar. Este maravilloso don del oído tiene un engranaje muy sutil interconectado en el alma, pues es el alma la que oye, descifrando el código de todos los sonidos al ritmo de todas las moléculas activadas por la proyección de la palabra.

¿Has analizado alguna vez la belleza del verbo cuando ejecuta las leyes de Dios? No debes, hermano mío, perder tu precioso tiempo en conversaciones vanas. Intenta todos los días educar la palabra. Por todas partes oirás cosas buenas que agradan a tu corazón; debes repetir frases y palabras, adornadas con valor moral; palabras de amor, de caridad; palabras cordiales y de sentido común. La vida misma te enseñará cuáles son los buenos, los que tienen valores inmortales y los que te dejan un equilibrio de tranquilidad en tu conciencia. La experiencia es una de las escuelas; los buenos libros, los maestros. Consúltalos todos los días como alimento para tu alma.

Compañero mío, para que aprendas a escuchar es imprescindible que eduques tu habla; ambas son fuerzas paralelas combinadas en el espíritu para que la vida sea más fluida y la comunicación más fructífera.

La ciencia nos muestra cinco tipos de papilas linguales, en íntima conexión con innumerables hilos nerviosos que nos permiten captar los sabores de lo que ingerimos, pero transmitirlos a través de una variedad mucho mayor de pequeños centros de fuerza, energía correspondiente al sentimiento de quien escucha, a lo que se piensa. La palabra es algo físico que llega del hablante al oyente, llevando la marca de su emisor. Sin embargo, si eres el oyente, también estás utilizando un dispositivo muy importante incrustado en tu cabeza, que te facilita comprender lo que sucede a tu alrededor. Los dos pabellones auditivos son fenómenos naturales incomparables. Además de captar lo que se dice, recoger toda la información que resuena en ellos, el alma, a través de ellos, dispone de recursos fabulosos utilizando su propia estructura física para seleccionar lo que escucha y quedarse solo con los temas que sean de interés para la evolución.

Si te relajas en esta educación que puede ser beneficiosa para ti, responderás por tu descuido. El sabio sabe hablar y es un maestro en escuchar a cualquiera. Estas dos facultades del cuerpo físico son de gran importancia en la vida de las criaturas y el Evangelio de Jesús es el compendio sublime donde buscar la luz del entendimiento y el discernimiento necesario para vivir en paz, junto con todo y con todos.

La salud también puede entrar por los oídos y la boca es un instrumento de equilibrio. A través de la palabra, el Maestro sanaba a los enfermos y restablecía la armonía donde faltaba la paz.

En verdad, la ley es ésta: recibimos según lo que damos. Si trabajamos para curar a los enfermos y buscamos ayudar a preservar el bienestar de las criaturas, la justicia nos devolverá todo lo que ofrecemos, siempre y cuando sea hecho con amor.

Cuando escuchamos palabras de bajo contenido magnético y las dejamos penetrar en nuestros canales auditivos sin seleccionarlas, sintiendo placer ante la visita de la melodía inconveniente, es ley que cambiemos nuestros sentimientos dependiendo de lo que escuchamos y comencemos a ser influenciados por ellos. Quien los transmitió ciertamente es responsable de gran parte de lo que dicen; sin embargo, quien no cuidó su audición tiene la misma responsabilidad, de abrir la puerta a enemigos inconvenientes.

Recorremos todos los caminos que tenemos a nuestra disposición para llevar a los estudiosos del Evangelio a la educación espiritual; solo ella nos conduce a la verdadera paz de conciencia.

Hablar y escuchar son dos metas de luz que deben brillar en el corazón del alma, para que se abran otras pautas en la liberación definitiva del espíritu.

Se debe pensar mucho en el trabajo que se debe hacer a través de la boca y los oídos, porque la lengua y el oído, si se usan como la ley natural de Dios nos enseña a todos, serán para nosotros un depósito de luz para un futuro de paz.

Intentemos, pues, saber escuchar y hablar con Jesús.

SATISFACCIÓN DEL DEBER

El deber cumplido nos produce una satisfacción indescriptible que crea un ambiente de paz en el alma, haciéndonos comprender el valor del honor mezclado con sinceridad. Hay dos deberes ante nosotros: uno que el Señor estableció desde el principio de la creación y el otro que aceptamos para nuestra propia evolución. Nos comprometemos de diferentes maneras y debemos cumplirlos, fortaleciendo así nuestra conciencia.

El alma fuera de la carne, que olvida sus deberes para con sus compañeros y con la vida, se sentirá debilitada en sus caminos. Es algo dentro de ella que habla más que sus trucos; es la voz de la vida junto con lo que late en el corazón en resonancia con las leyes de Dios.

No hay tranquilidad interior sin el cumplimiento de los deberes, y quien con más fuerza nos llama a caminos rectos es el Evangelio; es rico en reglas capaces de despertar en nosotros la luz de la comprensión espiritual y abrirnos los ojos para vernos a nosotros mismos. No hay alegría interna, esa que nace del centro del alma, a menos que estemos al día con nuestras obligaciones. No engañamos a las leyes; existen antes que nosotros y no pierden ni un ápice en el orden divino.

El espíritu, cuanto más sabio es, más se presta al ejercicio de sus actividades jurídicas; está bien tanto en la luz como en la oscuridad; tanto con alguien como solo: no le asustan las maniobras de nadie, sin motivo alguno; confía siempre en Dios porque conoce de cerca su justicia y su amor; cuando lo visita el dolor, lo recibe con calma y trata de leer pacientemente su mensaje; a nadie hace daño, sabiendo su propia continuación en todas las criaturas y, finalmente, sintiendo el amor en todos los órdenes de la vida.

El deber cumplido implica ejercitar otras tantas virtudes y cuanto más comienzas a experimentar los conceptos de la Buena Nueva, más cerca de tu corazón sientes la felicidad.

¡Qué bueno es descubrir estas cosas, humanas y divinas! Nos aportan seguridad en todos nuestros pasos y abren nuestra mente a la mente superior.

El primer terreno que debemos conquistar en la batalla con nosotros mismos es la alegría; activa todos nuestros centros de fuerza, alimentándolos con energías sublimadas que pueden liberar nuestros sentidos para cualidades superiores; mientras tanto, es bueno que recordemos que la satisfacción valiosa es la que está arraigada en el amor a Dios sobre todas las cosas y al prójimo como a nosotros mismos.

Compañero mío, puedes aumentar tu satisfacción cada día, dependiendo de lo que sientas y hagas. Contigo están todas las facilidades y posibilidades de mejora. Haz un autoanálisis y corrige lo que esté mal en tu mundo íntimo. Si no lo consigues la primera vez, vuelve a enfrentarte a tus enemigos internos; si ni siquiera una vez lo consigues, vuelve a luchar, luchando tantas veces como sea necesario, ya que el cielo siempre ayuda a quien quiere mejorar.

Busca la satisfacción del deber cumplido, ya que éste es el mejor gozo del alma y la mejor obra del hombre.

Todas las cosas buenas son difíciles. La vida correcta es ingeniosa y nadie sube sin intentarlo; tampoco alcanza alturas sin sacrificios. Sacrifica, hermano mío, tu egoísmo para que se transforme en abundancia; inmola tu odio, para que sea transmutado en amor; convierte tu violencia en no violencia. Al dar estos primeros pasos en el camino de la luz, tus pies se acostumbrarán a caminar por sí solos, dando y trayendo paz a tus caminos.

El gran premio que nos trae la satisfacción de un deber cumplido es la salud. La armonía espiritual se convertirá en nuestro inquilino y permanecerá con nosotros siempre que cumplamos con nuestros deberes ante la vida y ante Dios.

NO HAGAS DAÑO A NADIE

La naturaleza humana está llena de elementos negativos, donde el ambiente del bien parece asfixiado por la mínima posesión que presenta en el gran campo de los sentimientos.

La Tierra se encuentra en el ámbito de los mundos en pruebas redentoras, no porque ella misma sea deudora: son los espíritus que allí se encuentran, miles de millones de almas encarnadas y desencarnadas que se mueven constantemente entre los dos planos, alimentadas por sus propios impulsos y dirigidas por el grado al que pertenecen en la escala a la que tenían derecho. Adquirir comprensión lleva tiempo; el tiempo desaparece y el espacio deja de existir ante la grandeza del espíritu inmortal. Los clarines de una mayor espiritualidad están resonando desde las tierras altas de la vida, en el sentido que los habitantes de la esfera terrestre conocen y sienten la presencia de quienes ya pasaron por ella y regresan en espíritu, y en verdad para decirles que nadie muere, y que la vida continúa en todas las direcciones del universo, y en todas las divisiones de la creación de Dios. Solo estamos muertos cuando hacemos daño a nuestros compañeros y mientras permanecemos en el mal.

El Evangelio legó a los seguidores del Amado Maestro conceptos altamente estructurados de caridad y amor, para que la conducta de cada compañero sea ejemplar, respetando los derechos de los demás, en la forma en que escogieron vivir.

Cuando herimos a nuestros hermanos por ignorancia, sentimos en nuestra alma, siempre que nos arrepintamos sinceramente, el alivio de la misericordia de Dios. Sin embargo, pagamos por sus efectos, aunque sea de forma más leve, y responderemos de lo que hacemos, de modo que despierte en nosotros la conciencia de nuestras responsabilidades. Y cuando hacemos daño por el placer de ofender, por orgullo o vanidad, por encontrarnos en peor situación que el ofendido, esta es la naturaleza drástica de la ley de acción y reacción, cobrarnos centavo por centavo, para enseñarnos el respeto y la necesidad de educarnos, empezando por la disciplina de nuestras acciones.

No existe salud donde prolifera el mal. Disponemos de siete centros de fuerza altamente conjugados con nuestros pensamientos, palabras y acciones. Se rigen por ciertas leyes espirituales para que los coloquemos en una alta vibración a través de la forma correcta en que vivimos y casi sin movimiento cuando elegimos el camino del mal, donde manda la ignorancia del programa de Dios. Cristo vino para ayudarnos a salvarnos, trazando caminos y trazando itinerarios para que todo en nuestro cuerpo refleje la armonía del universo y para que la salud sea nuestra recompensa a todos los esfuerzos mandados por la sabiduría.

Queremos decir, querido lector, que antes de hablar con alguien piensa en lo que le vas a decir. Tu palabra puede hacerte grande, dependiendo de la forma en que sea manejada y recuerda que Dios está siempre al lado de todos, pero más visible al lado de quienes lo buscan en la constante renovación de las costumbres.

Bajo ninguna circunstancia discutas opiniones; deja el tiempo y las energías que te quedan para conversaciones sin pretensiones, donde no predomine la vanidad. Si conoces bien las leyes de Dios y las vives, habla con dulzura a quienes te escuchan, porque la verdad siempre es más fuerte que todo engaño.

Si quien te escucha no tiene la intención de guardar lo que dices con amor y sabiduría, no te enoje; ve adelante y deja lo que sabes para aquellos que quieran escuchar y tengan hambre y sed de alimento espiritual.

Quien resulta herido y lastimado está en el mismo rango que el agresor. Quien es maltratado y perdona está libre de las enfermedades que generan las represalias.

OLVIDAR LAS OFENSAS

La indulgencia, en todas las filosofías espiritistas, se ha convertido en una norma muy aceptable para todos aquellos que estudian la ciencia del alma. El perdón es un hecho común entre sus miembros que ya comprenden el entorno en el que se encuentra Nuestro Señor Jesucristo.

La Humanidad olvidó la inocencia y el mundo fue invadido por el odio, generando guerras en todos los frentes, donde el entendimiento podía florecer en el clima de fraternidad. La religión no puede sustraerse de la experiencia de todos los hombres, pues solo ella busca, siente y vive el consuelo y la paz que surgen del perdón. Pero es bueno que entendamos que este perdón no debe quedar solo en el hogar, en las castas o en las razas, sino que se extienda en todas direcciones, transformando a la Humanidad en una sola familia, donde reine Dios como un solo Señor y Jesús sea el aliento de cada día.

Olvidar las ofensas debe ser la preocupación de todo hombre recto. Cuando la misericordia se convierta en hábito común de todas las criaturas, llegará el día en que los hombres cambiarán el arsenal de guerra de destrucción por la pura fraternidad, nacida del amor. Y ese día siempre está más cerca porque el progreso no depende de quienes ignoran la ley del crecimiento espiritual. Es también una ley establecida por el

Creador, que garantiza la modificación de las cosas, como lo es el arte. Es un pincel de luz que embellece la vida.

Mientras la ciencia humana busca descubrir vida en otros mundos y establecer contacto con sus posibles y probables habitantes, la legión de científicos angelicales, liderados por Jesús, trabaja con todas sus fuerzas para que los hombres descubran sus propios mundos internos, donde habitan valores inmortales. Esperando su despertar, una comunicación más directa con quienes ya partieron hacia otras esferas de la vida.

La urgencia que tenemos en nombre del amor es conocernos a nosotros mismos y levantar las armas en una inmensa lucha contra la ignorancia que nos hace sufrir todo tipo de desgracias, todo tipo de problemas.

Si quieres salud, no olvides la armonía mental que solo aparece cuando nuestra vida es guiada por la vida de Cristo. El Maestro es nuestro camino, nuestra verdad y nuestra existencia. Sin la melodía del perdón no puede haber música en los sentimientos. Olvida todas las cualidades de las ofensas y no dejes que nadie que te haga daño te irrite. Si abres las puertas de la rebelión, entrará por ellas el magnetismo del odio, que desintegra las energías benéficas que el amor reunió en tu corazón. La excusa en este momento es el apoyo contra ataques desde las sombras, siempre que la humildad sea sincera y esté revestida de sentido común. Quien olvida las ofensas, con el tiempo transforma a los enemigos en colaboradores del bien común, porque quien hace daño muchas veces ignora los medios de ayudar y quien critica no conoce el valor de la cooperación.

Cuando el perdón alcanzó la iluminación más alta con la presencia de Cristo en el ámbito de su conducta, Jesús, en su Evangelio, prepara el espíritu para olvidar verdaderamente las ofensas, sin rebelión, sin interés, sin dolor y sin tristeza. E incluso pide al ofendido que ore por el ofensor.

Pedimos permiso para hablar con nuestros compañeros, no en el sentido de enseñar, ya que todavía nos faltan muchos valores espirituales, sino con ganas de intercambiar experiencias en el silencio del trabajo y la fuerza de la oración. Aprendemos mucho de los hombres que se mueven en un ámbito diferente al nuestro y siempre se lo pedimos a Jesús, porque vestirse de carne es empeñar todos los dones dorados del alma, que a veces ya florecen en el corazón.

Si hablamos mucho de salud y si deseamos salud para todas las criaturas de la Tierra y del espacio que la necesitan, es bueno que nunca olvidemos perdonar las ofensas, manteniendo así la alegría permanente en nuestro corazón.

SIEMPRE JOVEN

El joven está siempre en plena fuerza, respondiendo a todas las necesidades con la esperanza de vivir, y es en esta etapa cuando la mente muestra mayor brillantez y sensibilidad, especialmente fértil para registrar todos los deseos emocionales, forjados por los sentimientos.

Este es el momento de escoger las semillas de la verdad, enterrándolas en la tierra fértil del corazón, para que la vejez no las tome por sorpresa con la realidad. La juventud es sinónimo de salud, pues es en esta etapa cuando el cuerpo y los órganos se encuentran en su máxima expresión de energía, la cual circula sin obstáculos en todas las direcciones que la mente instintiva determina. La juventud es una flor en su más espléndida aromatización de valores y es esta juventud la que debe ser cuidada con los recursos enseñados y vividos por Nuestro Señor Jesucristo.

La primera escuela es el hogar, seguida, según las necesidades del alma, por las escuelas y universidades, seguida por la experiencia cotidiana de las criaturas.

La psicología moderna entiende que los jóvenes tienen la capacidad de discernir lo que pueden o no hacer, siempre y cuando su edad esté acorde con los dictados de las leyes civiles. Los padres, cuando ignoran la libertad de sus hijos en el momento en que la naturaleza la pide, en lugar de apoyarlos, los perjudican; sin embargo, los jóvenes que desean demostrar su educación asimilada y que son espíritus verdaderamente en ascenso, dominan el ambiente de agresión y comienzan a dominar por el amor a quienes eligieron como padres.

Nos referimos, en este capítulo, a la juventud permanente del alma, cualquiera que sea la edad del cuerpo. La juventud es magia divina, alimentada por la alegría y sostenida por el amor.

La carne, por ley natural, obedece a ciertas líneas que llamas decadencia física. Sin embargo, la vejez puede estar dominada por dinámicas espirituales, siempre y cuando los sentimientos estén libres de agresión, odio, celos, orgullo, egoísmo, venganza y calumnias.

El joven debe ser caritativo ante todas las necesidades humanas; ayudando a quienes lo buscan, pero antes de servir, entiende con Jesús cómo ser más útiles a las criaturas; perdonando a los ofensores, olvidando las ofensas, sin olvidar ayudarlos cuando se presente la oportunidad y orando siempre por ellos; amando, estudiando el amor y buscando, por todos los medios posibles, dinamizar el amor para que llene el corazón y brille en el pecho y la mente como un sol iluminando el mundo interior.

Joven, tu salud depende de ti. Preserva la armonía con la que naciste y avanza por los caminos que tu destino ha trazado, quitando impedimentos y deshaciendo obstáculos, educando tus sentimientos y disciplinando las emociones, para que mañana no te avergüences de ti mismo, frente al espejo de tu propia conciencia. Si el dolor te acompaña, sigue adelante de todos modos, eso te mostrará más claramente los caminos iluminados por el Evangelio. Sé siempre joven. Nunca debes apegarte al lloriqueo, ya que empobrece los tejidos de tu cuerpo con un magnetismo inferior y, aunque seas joven, tu rostro mostrará vejez y tus órganos pronto darán signos de cansancio. Rechaza la tristeza, reemplazándola con alegría. Pensemos en la belleza y la belleza invadirá nuestros corazones; pensemos en la salud y la armonía cantarán en nuestro mundo íntimo, por la bondad y la misericordia de Dios.

NUNCA TE EQUIVOQUES

El aburrimiento es una falta de tranquilidad. El sabio nunca se enfada con nadie y el santo no se irrita por las desavenencias de ideas, aunque nazcan de su inteligencia. Atormentarse con ciertos contratiempos es desalojar algunos rastros de tu paz y privar a tu corazón de sentimientos de amor. El alto contentamiento es tan bueno que sus hábitos nos llevan a grandes esperanzas y, cuando nos olvidamos de la vigilancia, la alegría desaparece y comenzamos a sufrir los duros golpes de nuestra ignorancia. La salud, una vez vigorosa, comienza a dar señales de peligro por falta de armonía en el concierto de la vida.

La vida es una sinfonía universal, que canta la presencia de Dios. Y el amor es Dios mismo, cantando Su gloria. ¿Por qué molestarse?

Los grandes hombres de la historia vieron sus virtudes florecer en las líneas de sus propias vidas.

Cuando el hombre común carece de alguna de estas virtudes, sufre las consecuencias de lo que no ha aprendido a vivir. Es en el análisis de muchas experiencias que observamos la falta de Cristo en los corazones. Su Evangelio nos facilita aprender más correctamente los valores inmortales de las leyes naturales de Dios. Conocer a Cristo es conocer la vida; es ser feliz donde estés llamado a vivir.

Jesús, dominando nuestros sentimientos, no nos deja disgustados con hechos simples que no encajan bien en nuestros planes, ni con acontecimientos importantes que no esperábamos. El Evangelio establece un comportamiento muy feliz para nuestros itinerarios, sin la opresión tan conocida en el ambiente humano. Tiene un alto contenido expositivo de cualidades divinas, que nos presentan como tesoros del cielo a favor de los hombres encarnados y desencarnados.

Todos somos herederos de la divinidad superior.

Es justo que busques la salud, la perla de luz que todos anhelan y el camino hacia la felicidad. Para que podamos valorar la salud es necesario visitar la enfermedad. El dolor, solo el dolor, nos hace comprender las leyes que regulan la armonía de todos los cuerpos que sirven al alma. Y, para ello, debemos hacer un esfuerzo, en todas las direcciones del conocimiento. La salud no viene de una sola fuente. Es un conjunto de actitudes, de reglas que debemos obedecer y acostumbrarnos. Al principio nos llega como una disciplina, luego, en el orden educativo y, más tarde, como un deber.

El tiempo nos mostrará una sensación de bienestar al obedecer las leyes naturales, buscando nuestra felicidad. Y nunca más nos enojaremos por nada, porque una conciencia tranquila no permite que nos apodere la indisposición.

El aburrimiento empobrece la sangre e irrita los nervios, dificulta la respiración y acumula energía desperdiciada en el hígado y el bazo, que de allí pasa como alimento nocivo a diversos puntos de responsabilidad en el campo somático, todo ello provocado por la simple vigilancia, por mantener el impulso de orgullo o vanidad, egoísmo o celos.

Huyamos, pues, de las provocaciones, de las calumnias, para no caer en las tentaciones del cansancio, despreciando el tiempo que Dios nos ha dado para vivir en fraternidad. Quien se ofende cuando se hiere su orgullo, o cuando se exponen sus defectos, no quiere renovarse: habla de reformas internas, pero intenta vivir de teorías; propugna los grandes valores de la educación, pero monta el caballo de la indisciplina; invita a sus compañeros al banquete de la luz y va, en secreto, a alimentarse de las tinieblas.

Cualquiera que haya aprendido la virtud de no aburrirse nunca ha empezado a ser feliz y saludable.

NUNCA TE QUEJES

Pedir con exigencia es agresividad que contradice la buena conducta y, cuando la fuente donante se molesta por la forma en que se le pide, el que pide empieza a desmerecer al socio oferente. Por eso nunca debemos quejarnos de no recibir lo que queremos recibir. La vida sabe compartir con cada criatura lo que más necesita.

El clima de amor y caridad comienza a resquebrajarse cuando hay protesta. Acompañar a Cristo es llevar madera pesada a través de la prueba de la vida. Esto es para los valientes que solo visualizan el amor en su camino.

Las consecuencias que surgen del impulso evolutivo son innumerables. Los problemas son diversos; los contratiempos son innumerables, para probar lo que se quiere empezar con los valores del Gran Maestro.

No debes desmerecer a nadie, simplemente por no haber satisfecho tu petición o tu vanidad. Aprende a esperar y, sobre todo, a lograr lo que pueda garantizarte un futuro lleno de alegría y paz. La bondad de Dios es tal que no se olvida de ninguno de sus hijos ni de las cosas creadas. Él alimenta todas las leyes con el vigor de su propia vida y facilita la sabiduría y el entendimiento a todos los espíritus que salen de sus manos santificadoras.

La existencia es una escuela que coordina todos los medios de instruir a las almas. Y es esta instrucción la que buscamos para complementar lo aprendido en todas nuestras existencias, en diferentes lugares y en diferentes planos, para que podamos alcanzar el amor, el don supremo que viene de Dios, la luz que alimenta toda la creación.

La verdadera salud del espíritu se consolida en el cumplimiento de los deberes ante la paternidad suprema, que nunca olvida lo que necesitamos en forma de fraternidad y también nos da las condiciones para hacer nuestra parte, que representa la porción más grande en el gran campo del saber.

Aquí nos centramos más en la peligrosa función del requisito. Distorsiona los talentos que ya están creciendo en el corazón de la ciudad. Estamos del lado de quienes piensan que deben exigir sus derechos, pero no estamos de acuerdo con los caminos que suelen tomar los hombres: la violencia y la agresividad empeoran la situación, provocando una enemistad que crece de generación en generación y que nunca satisface tampoco a los denunciantes o el reclamado. En este clima de lucha y odio, cesa la fraternidad, se calientan los ánimos, se olvida el perdón y ya no existe el amor. El ambiente queda sin Dios y sin Cristo, y todos sufren la exaltación de la ignorancia.

La plataforma de la corte celestial en beneficio de la Humanidad es aquella que educa e instruye, en la línea del Evangelio de Jesús, que además no requiere que todos se transformen en ángeles en un chasquido de dedos. Que esto suceda gradualmente, pero con perseverancia.

En esta página hablamos de la supresión de demandas, apuntando al bienestar de las criaturas que desean su propia paz. Reconocemos que, cuando estamos en la carne, ésta oscurece mucho nuestras cualidades más nobles; sin embargo, se nos brinda protección con mayor interés, para que despertemos los talentos en nuestro corazón y el amor, como Cristo nos enseñó. La opresión en los fluidos de la carne es para mostrar al hombre los valores del espíritu. Reencarnar es adentrarse en caminos de mayor aprendizaje. Los espíritus superiores nos asisten constantemente para que podamos beneficiarnos más y este intercambio de los dos mundos es un hecho que no depende, en cierto modo, de los hombres, sino de la voluntad de Dios.

Mejoremos esta realidad, para sentir la vida en su extensión divina y, en este trance, encontraremos donaciones de todo tipo, sin pretender la presencia de la bondad y el amor de quienes nos rodean provenientes de esferas superiores.

Nunca debemos quejarnos de la mayoría de lo que queremos, porque aun no ha llegado el momento de recibirlos. La vida nunca ha negado ni negará a quienes la merecen, en la urgencia de sus necesidades.

Seamos, pues, conscientes que Dios es Padre de justicia y espléndido de amor para todos sus hijos.

APRENDER SIN PASIÓN

Aprender sin apego es una gran norma para el estudiante de la verdad. Para disfrutar de las bellezas de la vida es necesario que no seamos egoístas. Es muy importante aprender, pero mucho más, saber aprender, para no sufrir por nuestra propia incompetencia.

Todo conocimiento proviene de Dios, a través del gran flujo de la mente divina, que baña toda la creación y nosotros, como espíritus conscientes dentro de la conciencia mayor, debemos buscar los medios, que son innumerables, para aprender. A nuestro alrededor, por las bendiciones de Dios, todo conocimiento vibra, todas las virtudes cantan y todos los mensajes de verdad se cruzan. Para que todo esto nos sirva, depende que abramos las puertas del sentimiento y del entendimiento, para asimilar los dones del cielo.

Los hombres no crean nada en los campos que conocen y en los que actúan; simplemente copian lo que ya se hace en los secretos de la naturaleza. ¿De dónde obtienen las esencias para fabricar medicamentos? ¿De dónde obtienen los materiales para fabricar las máquinas, cuyos dispositivos ayudan a crear medicamentos? ¿Y el agua, como elemento de interconexión entre elementos? ¿De dónde sale el aire para secar y dar consistencia a las panaceas? Entonces podrás deducir el resto. Todo viene de Dios. Nuestra parte es, por tanto, la mínima y aun así lo hacemos con grandes fracasos.

Mientras los seres humanos no presten mayor interés a sus semejantes, utilizando el oro solo como una simple ayuda a las necesidades del espíritu, siempre se alejarán de los caminos de la verdadera salud. Lamentablemente, en la Tierra, la medicina oficial tiene como primer tema el dinero y, en segundo lugar, la salud pública. La usura empaña la visión espiritual y embrutece el alma en los caminos que recorre. El médico debe ser también sacerdote, practicante de la caridad y viviendo enteramente por el amor.

El mundo está a las puertas del cielo y las manos del progreso llaman a ellas, esperando la solución de Dios, para que los hombres comprendan la necesidad de amar, de trabajar por el bien colectivo. La sociedad humana sufrirá una reforma y esta viene basada en el Evangelio de Jesús. El Maestro fue la culminación de todos los pensamientos de los hombres. Sin Él, perdemos el camino hacia la felicidad perfecta. Quien no conoce a Jesús ignora su propio destino. El gozo con Cristo está lleno de esperanza; el perdón con Él está lleno de amistad y el amor con el Divino Maestro está lleno de vida. Y ya les dijo a sus seguidores: *"Yo soy el camino, la verdad y la vida"*, mientras tanto, deben aprender todo y todas las lecciones que se les presenten, con serenidad, sin detenerse nunca, dando demasiado a lo que puedes saber más, porque cada día surgen cosas nuevas, en las nuevas metas que te comprometes a vivir. Sin embargo, no debemos olvidar nuestro agradecimiento al soberano arquitecto del universo, porque de Él todo se origina, descendiendo de esfera en esfera hacia nosotros, invitándonos al banquete de la luz, aunque seamos habitantes de regiones necesitadas.

Dios es el equilibrio eterno de todas las fuerzas que convergen en la creación. Debes y puedes buscar la armonía universal que grita en todos los mundos y, para ello, debes iniciar esta búsqueda dentro de ti mismo.

En la jaula de tu pecho vive el gran "pájaro de luz." Allí se ubican los puntos más sensibles de tu existencia. Basta conocerlos para sentir el tirón de la vida que los lleva al arrobamiento de la liberación. Cuando te descubras a ti mismo, cuando despiertes a los secretos de la naturaleza, modera tus actitudes, porque la moderación es la clave del equilibrio y la seguridad de tu eterna salud.

LO SALUDABLE ES EL CAMINO DEL MEDIO

Considerar que el equilibrio de nuestra vida está fuera de nosotros es ignorar la verdad que tiene capacidad de liberarnos. En todo lo que existe en la Tierra, los extremos nos hacen comprender que albergan innumerables desequilibrios. Es en las orillas de los ríos donde proliferan los protozoos y es al final de los caminos donde se esconden toda clase de peligros. Es en los suburbios de las grandes ciudades donde se esconden los marginados. De ahí que debemos comprender ciertas leyes de equilibrio que debemos respetar, dado nuestro destino.

El camino del medio, en casi todas las circunstancias, es la mejor dirección. Cuando hables, no olvides ser pensativo; reflexionar es analizar lo que debes decir a los demás, para no irritarlos con una conversación desordenada. A la hora de escribir recuerda el sentido común, porque con él podrás ayudar a quienes padecen la peligrosa enfermedad llamada ignorancia. Ten cuidado con el ambiente que frecuentas, para no caer en acuerdo con ideas inferiores y dejarte dominar por sugerencias malévolas. Todo es legal para existir, pero no todo es cómodo de utilizar.

Si eres atacado por alguien que desconoce el respeto a los derechos humanos, no utilices la misma arma para defenderte: espera un poco y ese poco que te ha inspirado la tolerancia te dará mucha sabiduría, para que, al final, con esa oportunidad, puedas responder a lo que te hizo daño, con consideración, si no con amor, para que no acabes compartiendo la misma línea de discordia con él. Y cuando te parezca conveniente guardar silencio, hazlo, pero que vibre el amor y el perdón, para que la paz se establezca en el corazón del ofensor y le ayude a cambiar sus actitudes.

Saludable es la educación que enseña el Evangelio de Jesús y muy digna la sabiduría del espíritu que nos muestra la caridad como salvavidas en todos los mundos y, ciertamente, en todas las civilizaciones del universo.

Quien busca el camino del medio nunca se equivoca y el destino mismo lo lleva a la morada conocida como conciencia tranquila. Quien pretende y busca con amor el reino del conocimiento está dotado de tal tolerancia y humildad, que primero escucha a los inconvenientes, a los malhechores, a los imprudentes y a los intolerantes, y luego dice algo, en cuanto a consejo y orientación. Y, si se le pregunta, el sabio habla poco, porque sabe hablar y en pocas palabras dice lo necesario, para que los hambrientos puedan saciar su hambre de comprensión y su sed de conocimiento. No te preocupes demasiado por lo que vas a decir. Si la fe ya ha dado una señal de vida en tu corazón, en el momento exacto serás inspirado por el Espíritu de la Verdad, con quien comenzarás a vivir en un ambiente de fraternidad. Quien domine el verbo en la forma de Cristo tendrá como compañía a los ángeles del Señor, en comunicación permanente con sus semejantes, a través de los mismos hombres.

Es aconsejable moderación en las conversaciones con los demás. El alma moderada es mensajera de simpatía y dadora de esperanza. No debes inclinarte hacia los círculos cerrados de los partidos ni estar reglamentados por ciertas religiones. Recuerda que el egoísmo mata los ideales más elevados. Busca la universalidad y dentro de ella serás libre y cosecharás los frutos abundantes de la verdad. La mejor religión del mundo es el amor; la mejor filosofía, la caridad y la mejor ciencia, el discernimiento.

Si pretendes preservar tu salud o curarte a ti mismo, no debes olvidar el buen comportamiento, donde la armonía nos permite escuchar los preceptos de Cristo en un alto papel en la verdadera curación.

NUNCA OLVIDES LA BONDAD

La bondad es el "encanto" de la educación. Muestra lo que el alma guarda en reserva de sentimientos y lo que puede utilizar, sin pérdida de su personalidad. Al contrario, obtiene de este ejercicio divino, tejiendo, en los caminos por los que transita, la cortesía que aumenta el granero del amor.

Nos corresponde a todos, en cualquier plano de existencia, evaluar nuestros propios logros, notando lo que les falta en afabilidad y, ante las oportunidades frente a los demás, mostrar bondad, porque nos recuerda la alegría y la esperanza. de luz. Aunque tu naturaleza rechace la delicadeza hacia las criaturas, trata de dominarla, con la certeza que algo bueno se enciende en el corazón de quienes se acercan a ti, algo cuya luz nunca se apagará. En todo momento, la educación siempre ha tenido prioridad, en cualquier entorno hostil, sobre el respeto y la paz.

Un espíritu afable siempre es amado en todas las circunstancias, aliviando presiones y elevando la atmósfera de desacuerdo a un clima de comprensión. Es justo que luchemos por instaurar la delicadeza en nuestras actitudes cotidianas. Esto, cuando se combina con un trabajo activo por el bien de la comunidad, es verdaderamente una riqueza en nuestras manos, como manos de ángeles, trabajando con Jesús.

El hombre afable queda inolvidable en la memoria de sus compañeros y ese gesto de amor es como una semilla de luz, que crece y prospera en todos los corazones. Pero es bueno que seamos conscientes que la afabilidad, elemento divino y noble, no se mezcla con la escoria del odio, ni con las impurezas de la envidia y la venganza. Es incompatible con el orgullo y el egoísmo. Jesús fue la máxima expresión de la bondad, al hacerla acompañar al desapego, en el gran interés de servir, sin exigencias. Todo lo hizo a favor de las criaturas de Dios, por amor. Es correcto que seamos agradables en el trato con los demás; sin embargo, es necesario que no olvidemos estar atentos, para que esta valiosa actitud nunca se convierta en un apego que ata el alma. Y la prisión de la inferioridad nos trae aborrecimiento e infelicidad.

La vida es una escuela para aquellos que quieren aprender. Los grandes maestros están al alcance de cualquiera que quiera graduarse de la academia de la fraternidad universal.

Si ya has logrado algunos avances en la atención a tus semejantes, no dejes que la impaciencia y la irritación invadan tus pensamientos, para no devaluar tus talentos en el camino hacia el logro.

La sabiduría nos enseña que la bondad debe combinarse con la tolerancia, para que tengamos los medios para cambiar el rumbo de una conversación no deseada, sin las armas de la violencia. Los recursos espirituales llegan siempre a las manos de quien trabaja en la superación interior, de modo que la experiencia habla mucho más que la teoría e incluso convoca a nuevos hermanos al frente, donde la mayor preocupación es la unidad de todos, en el ejercicio de la caridad.

La salud del cuerpo requiere armonía en todas las pautas que tomamos. Curar solo el cuerpo físico es querer ahuyentar las moscas de un ambiente putrefacto. Es norma del razonamiento puro buscar las causas, de modo que los efectos desaparezcan.

Si hay alguien educado y bondadoso, que lleva en su cuerpo de carne las marcas de la enfermedad, es justo que miremos al pasado la causa del calvario presente de estos males que reflejan errores de tiempos lejanos, de los días que vivimos en desequilibrios orgánicos y psíquicos que obedecen al empuje evolutivo de una etapa a otra. Es una especie de enfermedad a favor de la generación futura y los herederos de la Tierra deben buscar cuerpos más sensibles, pues son espíritus dotados de mayor refinamiento espiritual. Para que esta purificación se realice sin violencia ni desequilibrios, la fuerza benéfica de la bondad nunca debe faltar en nuestros contactos con los demás.

ESTUDIAR LA NATURALEZA

La naturaleza es el libro divino donado por Dios para guiar los entendimientos que deben tener todos los espíritus de todos los reinos.

Por lo tanto, nos convencemos, en todo momento, que las leyes naturales, cuando las respetamos, nos devolverán todos los recursos que deberían sostener nuestra salud y paz en nuestro corazón.

La naturaleza es, por excelencia, divina y dotada de todos los poderes curativos, esperando solo ser solicitada para, a través de la ley de la afinidad, sea entregada a los hijos de Dios, brindando salud por los caminos de la sabiduría y el amor.

Si todos los secretos de la naturaleza son expuestos por nosotros a los hombres, nos considerarán creadores de ficción, como tantos otros escritores que pretendieron hablar algunas de las verdades expuestas por Dios en los pliegues del tiempo. Mientras el orgullo y el egoísmo predominen en la Tierra, difícilmente reinarán la paz y la salud. Dentro de un hogar de tratamiento, el interés de la curación es lo último. Todo depende de quién es quién. El tratamiento es según la posesión del paciente, y el gesto de la enfermera, combinado con el amor y el conocimiento del médico, podrían obrar milagros, si podemos decirlo así, en el campo de la recuperación del paciente, reemplazando muchos medicamentos, que ciertamente vienen a aliviar el dolor, pero también predisponen los órganos a otras enfermedades.

Toda enfermedad tiene algo psicológico que puede desaparecer mediante una exposición franca, cuando el hablante lleva en su corazón un poco de amor, aquel con el que Jesús satisfizo al mundo a través de su vida y de su herencia, a través de las páginas del Evangelio.

A ti que estás leyendo te pedimos que estudies la Naturaleza y observes las leyes que todo lo rigen, para que tengas salud y paz.

Libros y más libros se han escrito en todos los países del mundo sobre este fascinante tema de la obediencia a las leyes de Dios, la educación de los sentimientos y la disciplina de nosotros mismos, compatibles con la organización universal. ¡Cuántos misioneros de la gran luz dejaron este ejemplo en la Tierra, guiados por la intuición y la sabiduría, para que heredaran la salud y fueron relegados, por casi todos, al olvido y, en lugar de sus escritos, ocupan un lugar destacado la pornografía y la guerra!

Dios nos llama a usar la inteligencia de la colaboración con amor; discernimiento, con el perdón y la fraternidad. Para estudiar la Naturaleza no necesitamos ser intelectuales: basta con buena voluntad y atención a la vida creada por el poder absoluto, y la razón nos mostrará la verdad.

Ya eres lo suficientemente maduro para prescindir de la prolijidad del tema, a medida que comprendes la doctrina natural que prospera en toda la creación. Cultiva el hábito, si aun no lo haces, de orar todos los días. Es a través de los canales de la oración que Dios nos habla de Su sabiduría trascendental y nos llama, como Sus hijos, al gran compromiso de la verdad.

La salud brota en nosotros, como agua de la gran fuente: Dios. Y para una mayor comprensión, debemos repetir lo que muchas veces ha sido dicho a los hombres, por los instructores de la Humanidad: *"Cuando el discípulo está listo, aparece el maestro."* Es lo mismo que decir: "Cuando el espíritu está preparado en la escuela de la naturaleza, aparece la salud, como una bendición de la Divinidad."

Estudiar es observar el mandamiento divino en todas las cosas. Se trata también de recopilar datos aquí y allá y examinar el propio mundo íntimo y tratar de alinearlo con la coherencia del Evangelio de Nuestro Señor Jesucristo.

MEDITAR EN DIOS

Dios debe ser el tema central de todos nuestros pensamientos. Para conocer más profundamente al divino arquitecto, necesitamos utilizar los poderes del espíritu, en la secuencia del amor y en la progresiva extensión de la ciencia.

Él siempre está en el mismo lugar. Nunca te alejes de nadie. Somos nosotros quienes nos alejamos de Él, en el contexto de nuestras tareas.

Dios está tanto fuera como dentro de nosotros, a través de medios que a veces desconocemos, en una vibración continua de amor y conocimiento. Su soplo divino atraviesa la creación, llevando imágenes y sonidos para ser traducidos por nosotros. Las leyes dictadas por el Creador Supremo son bendiciones de Su amor a favor de la vida que brilla en el universo.

La meditación nos empodera con la conciencia de ver al Señor en todas partes, sintiendo igualmente la necesidad de amarlo sobre todas las cosas, ubicándonos así como estudiantes en el gran aprendizaje de la vida.

Es urgente que los estudiosos del Evangelio y de la ciencia se liberen de las cadenas de la ignorancia y levanten los brazos en alto, caminando solos y valorando el propio esfuerzo en los caminos recorridos. Sin embargo, no debéis comprender que caminar solo significa olvidar la cooperación de los demás; es valiosa en el arte de hacer amigos y extender la fraternidad. El intercambio de experiencias son normas que provienen de la sabiduría universal.

No desdeñes las oportunidades y establece un criterio de vida, sin que el fanatismo interrumpa tu voluntad de crecer. Despeja tu mente de lo que puede ser inferiorizante y asóciate con la grandeza de las cosas naturales. Ellos te responderán, ayudando en tu liberación y en la curación de tus enfermedades, a través del conocimiento de la verdad.

La consonancia de pensamientos nobles es el elixir de vida que puedes tener a tu alcance. Nunca debes quedar atrapado, ni por lo que haces y, menos aun, por lo que otros eligen vivir. Trabaja libre de las influencias que tienden a aprisionarte. Solo estamos atados a Dios, de quien somos parte y que nos sostiene, como hijos suyos en la eternidad. Sé tolerante con el fanático, sin que el fanatismo ataque tus sentimientos. Sé hermano del opresor, sin oprimir jamás a nadie. Sé compañero del materialista, pero difunde la idea de Dios como Padre amoroso y justo, dondequiera que vayas. Estate siempre actualizado en las líneas que te llama al progreso del espíritu.

Dependemos unos de otros para vivir; sin embargo, esta dependencia no puede transformarse en una prisión. Ella, por ley natural, actúa como amor de Dios, para la amistad de todos sus hijos.

Recuerda siempre, hijo mío, medita sobre la paternidad de todo lo que existe y esta meditación te dará un gran interés por la oración, dentro de la cual registrarás, a través de la sensibilidad de tus sentimientos, la respuesta de la gran luz, educándote e instruyéndote, para alcanzar la felicidad.

No dejes pasar un día sin recordar al Padre que está en los cielos y Él, que todo ve y siente, bendecirá tus caminos, por los mismos caminos que abriste, desde tu corazón hacia Él.

Ejercita la oración con humildad, ya que tiene el poder de colocarlos como agraciados por la luz superior. No olvides acercarte a Jesús, quien te ayudará a alcanzar la liberación a través del arte de meditar en el Creador.

NO TE OLVIDES DE TU PRÓJIMO

No te obstines en el egoísmo. Te hace sufrir, con efectos en tu cuerpo físico, que sufre por la concentración de elementos corrosivos.

Tu prójimo, a quien Jesús amó tanto, te necesita tanto como tú lo necesitas a él. Este intercambio es la vida de todos nosotros, uniéndonos a la vida de Dios.

No te olvides del prójimo a pesar de tus obligaciones, porque cuando no intentamos amar a alguien, inventamos todo tipo de excusas y nos distanciamos de mil maneras y mediante diversos disfraces. Recordemos lo que dijo el Divino Maestro, reduciendo los diez mandamientos a solo dos: *amar a Dios sobre todas las cosas y al prójimo como a nosotros mismos*. Y el egoísmo, en forma de amor propio, nos induce a olvidarnos de nuestro prójimo, de aquellos que viven con nosotros en el gran viaje evolutivo. Si quieres saber quién es tu prójimo, obsérvate a ti mismo, porque él es tu continuación, que se extiende hasta el infinito.

Intenta dedicarte más a tus semejantes, prestando más atención a lo que representan, a lo que te dicen, hacen o escriben, porque puedes aprender mucho de los demás, a través del intercambio de experiencias.

Seamos fieles a las leyes del Señor, comulgando con las leyes del amor y adaptándonos al clima de la caridad, para que el bienestar se acerque a nosotros, como fuerza divina, en la expresión divina de todas las cosas.

¿Alguna vez has notado, hermano mío, cuánto te sirve tu prójimo? En cada camino, podemos ver sus manos ayudándonos a ayudar, ayudándonos a servir, ayudándonos a comprender. Este prójimo merece nuestro respeto, nuestra estima y nuestro amor. Todos juntos formaremos la gran cadena de vida que sustenta la gran esperanza de un mundo mejor.

Ese interés que tienes demasiado por ti mismo, dedicando todo tu tiempo a tu propia causa, a tu propio sustento, a tu ropa, sin pensar en los demás, te lleva a lo más profundo del orgullo y la vanidad y te hace olvidar que hay más personas que viven en el mundo.

Sal de ti mismo, aunque sea por un momento, y observa lo que sucede a tu alrededor, las dificultades de tus compañeros, camina y ayúdalos con tus posibilidades, comprendiéndolos con discernimiento y consolándolos con el conocimiento.

No debes acumular sabiduría de forma egoísta. No debes desperdiciar las fuerzas que te quedan, ni debes reprimir el don del amor y la bondad que has adquirido. Esta colección de luces se utilizará a favor de tus vecinos, porque cuanto más dones, más te beneficiarás del suministro universal. Y quien se olvida de sus compañeros, atrofia los valores de su corazón, enfermando, por falta de intercambio de los tesoros divinos.

Ajústate a la ley, y ella se ajustará contigo, para el bien que debes hacer. Sé que buscas salud. Porque es donde permanece la armonía, la que nace del deber cumplido, de la alegría de ser útiles a las criaturas de Dios.

Trabajemos de la mano y esforcémonos en comprender en todo momento al prójimo y Dios hará el resto que esté fuera de nuestro alcance.

Recordemos a nuestro prójimo, que nos cuidamos, mientras él esté en nuestro camino y Jesús estará sonriendo dentro de nuestro corazón.

BUSCAR LA PERFECCIÓN

La perfección es la belleza que aparece en lo que hacemos con el afán de dar lo mejor de nosotros.

Debemos buscar la perfección en todo lo que hacemos, en todo lo que decimos o escribimos. Comienza en actos simples de nuestra vida y brilla en la gloria del alma que ha logrado alcanzar la plenitud del amor.

A pesar de nuestros defectos, es sabio pensar en la perfección todos los días, desde los primeros saludos en casa, hasta las decisiones más importantes que debemos tomar en nuestras obligaciones diarias.

Los espíritus superiores se toman esto en serio, buscando infinitas maneras de hacer siempre lo mejor, porque lo sienten y lo ven reflejado en la creación de Dios, todo en perfecto orden. La armonía divina canta, desde la competencia del átomo, a los conciertos de los mundos que circulan en el Universo.

Incluso si nuestros pensamientos aparecen en nuestro mundo mental, como suelen aparecer desordenados, es nuestro deber hacer un esfuerzo por modificar nuestras ideas. Pensar en la perfección es el primer paso y trabajar en la madurez de los pensamientos es el inicio de la belleza que podría ser nuestro mundo interno y externo.

Los grandes genios de la Humanidad dejaron sus huellas de luz en la historia porque amaban la perfección. Trabajaron duro constantemente para hacer todo dentro del orden del universo y eso fue lo que los elevó a la admiración y el respeto de todos.

Todos tenemos a nuestro alrededor una atmósfera espiritual, cuya luz u oscuridad depende de nosotros, de lo que estamos dispuestos a hacer a lo largo de nuestra vida. Y, si empezamos a pensar en hacerlo todo con cuidado, creamos esa fuerza positiva que nos rodea y nos ayuda a estar seguros de lo que queremos ser.

Comienza con una simple limpieza por la mañana, haciéndola bien, sin exagerar tocándote con el dedo del fanatismo, entonces la perfección pasará automáticamente a todo lo que hagas.

No puedes descuidar tu alimentación, vestido y abrigo, sin que te acompañen basura y desechos que perturben tu trabajo. Incluso tus gestos pueden ser perfectos. Todo lo que va hacia la belleza agrada y nos hace felices allá donde vamos; y es bueno recordar que la perfección más elevada se encuentra en la perfecta simplicidad. Por eso Cristo conquistó los corazones y se hizo inolvidable en la historia de todos los pueblos y nuestra admiración por Él crece cuanto más lo conocemos. Él es el molde de la verdadera perfección y nos dejó un poderoso estímulo cuando dijo: *"Sed perfectos, como vuestro Padre Celestial es perfecto."* Comienza a analizar las cosas cada día, y una visión mayor se abrirá en tus sentimientos y a través de ella sentirás la perfección de Dios en todo lo que toquen tus manos.

Queremos decirte que salud es sinónimo de perfección. Si deseas equilibrio orgánico y psíquico, inicia la búsqueda de este atributo genial, haciendo todo bien y te ganarás la palma de nuestra verdadera felicidad.

Trabaja por las cosas de la Tierra, sin olvidar los cielos.

Repitámoslo para que quede claro: cuidado con el celo excesivo; la obstinación es campo abierto al desequilibrio y, en este momento, la belleza de lo que buscamos se escapa de nuestras manos.

Si buscas salud, primero debes tener sentido común.

EL MAR Y LA VIDA

El mar es un remanso fructífero donde Dios sembró vida en diferentes dimensiones. El Señor sabía que de allí surgirían las diversificaciones de todos los cuerpos, sirviendo así de instrumentos a una inmensurable gama de almas, en el reino del espíritu.

Moisés nos dice que el espíritu de Dios revoloteó sobre las aguas, en la formación de la casa terrenal. Durante el período de transición de la Tierra, llovió intensamente durante años, liberando así la presión atmosférica y consustanciando las energías divinas con los elementos materiales, de modo que se pudiera formar la cuna del principio de la vida, en el florecimiento del planeta.

La operación del Creador sobre las aguas se entiende a través de una grandísima falange de entidades puras, bajo el mando de Nuestro Señor Jesucristo. Era un verdadero laboratorio espiritual, cercano a la tierra que acababa de emerger, por la bendición del Padre Celestial.

Los elementos de la vida se expandieron en todas direcciones, hambrientos de crecimiento y en busca de la grandeza de su propia existencia. Los cuerpos físicos tienen su génesis en las profundidades de los océanos, comprendiendo así la afinidad que tienen con el mar. En verdad, es una fuente de curación, donde miles de espíritus trabajan en diferentes misiones, buscando la armonía entre las criaturas. Si los hombres pudieran ver con sus ojos físicos la inmensa obra realizada dentro y en la atmósfera de los océanos, se asombrarían de la grandeza y bondad del Señor, que no olvidó nada por el bienestar de sus hijos.

La omnisciencia universal no olvidó nada. Por eso invitamos siempre a los hombres de buena voluntad a aprender a amar, porque los arcanos de la naturaleza les ayudarán a rasgar los velos que obstaculizan el conocimiento de ciertas verdades del espíritu. El mar todavía guarda muchos secretos que los hombres del futuro comprenderán y disfrutarán, pues ya están preparados para acontecimientos como este, que se manifiestan a través de la vida misma.

Hay espíritus angelicales que gobiernan las aguas del mar y periódicamente retiran los tesoros fluidicos depositados en ellas, para que la vida pueda circular en todas sus divisiones. Este esfuerzo conjunto de las almas, bajo mayor mando, asegura que nada se pierda en la obra divina del Creador, y que todo se renueve bajo la mirada magnánima de Cristo. El Sol vierte energía viva en las sensibles láminas de agua del mar y éstas, unidas a elementos químicos, nos enriquecen en el cómputo de los valores que prosperan en la atmósfera del planeta y en la fuerza energizante del espíritu, marcado por la presencia de Dios.

Cuando llegues a la orilla del mar, ámalo, y él te comprenderá, regalándote las olas como si fueran brazos de agua, donde sus ojos de luz no dejan sin respuesta ningún agradecimiento o cariño.

Depende de todos aprender sobre la sabiduría de la naturaleza y tomar conciencia de la bondad de Dios que nos rodea a todos.

El mar es una farmacopea exuberante; es la máxima concentración energética de vida, que nos habla de sus secretos en el paso de las olas, en el rugido de su enorme peso y en las extensiones de luces que se cruzan en las profundidades.

Este coloso de la naturaleza cura enfermedades y tiene el poder de armonizar todos los cuerpos, dejando que el espíritu respire la atmósfera de alegría. Nosotros también, los desencarnados, utilizamos estos recursos para equilibrar nuestras emociones.

En verdad, Dios se cierne sobre las aguas; búscalo en la inspiración que surge de tu amor y sé feliz.

LAS HIERBAS Y EL HOMBRE

No podemos hablar del hombre sano sin recordar las hierbas, agentes naturales de apoyo al mantenimiento de la vida en la Tierra, cuya energía es de gran valor para el equilibrio orgánico e incluso psíquico, cuando carecen de vigor.

El mundo celular del ser humano alcanza la astronómica cifra de billones de vidas diminutas, tal y como las entiende la citología moderna. Es, por tanto, fascinante estudiar y comprender cómo se procesa el metabolismo del soma, los cambios moleculares, cómo y por qué cambian, en la urgencia de asegurar la armonía del conjunto.

La energía que circula por el sistema neuropsíquico del cuerpo está viva, recorriendo todos los filamentos sensibles del organismo, llevando el mensaje distribuido por el mando central, que está instalado en el cuartel general, en la parte superior del cráneo, como luz que se manifiesta integrado en la luz superior, que es Dios.

Existen sub-cuartos repartidos en el cuerpo espiritual, interconectados al vaso físico, que son los centros de fuerza, o chakras, fuertemente ajustados a las glándulas endocrinas y de allí al todo celular, obedeciendo al mandato de la fuerza divina del espíritu.

La razón por la que hablamos de hierbas es que ellas también tienen cuerpo, con cierto dominio manteniendo el equilibrio con predominio de naturaleza bioenergética, dentro y fuera de sí misma, guardando las bendiciones de Dios en su mundo interior, para ayudar a los hombres en sus caminos de crecimiento. Conocerlos y utilizarlos correctamente es una de las claves para alcanzar la salud. La composición del cuerpo ciclópeo del hombre tiene una profunda analogía con el árbol y, como la luz que lo controla aun está dormida, reina la armonía, porque manos hábiles del mundo invisible lo sirven más de cerca, como un niño en necesidad de cuidados maternos.

El hogar del hombre se mueve un poco por sí solo y el desconocimiento le hace sufrir las consecuencias del mal que hizo el espíritu en el aprendizaje; sin embargo, los demás reinos acuden en su ayuda, como es el caso de las medicinas esenciales en la etapa en que se encuentra la Humanidad. Las hierbas son recursos valiosos, que llegan incluso a otros cuerpos, además del físico, siempre y cuando nuestra sabiduría nos enseñe a utilizarlas con el debido respeto que se merecen.

La Medicina oficial es, por naturaleza, violenta; los bioquímicos buscan combinaciones donde existe una falta de armonía con el cuerpo físico, por lo que surgen reacciones e intolerancia a ciertos medicamentos. El rechazo de los órganos o del organismo es, por tanto, el disgusto por el cuerpo extraño que se le inocula como medicamento o en el caso de los trasplantes utilizados en la medicina moderna.

No hay árboles que no sean beneficiosos, ni hierbas que no sean curativas. Dios las colocó en el jardín de la Tierra, para que los hombres pudieran descubrirlas como alimento y medicina, además de servir como instrumento para renovar la atmósfera, lo que beneficia a todos.

Las verduras son platos saludables para alimentar a las criaturas de la Tierra, pero también aportan poderes curativos.

Recuerda que la cocina es un lugar sagrado, tanto como la hora de comer. No se deben discutir asuntos inferiores en estos lugares ni a esta hora de la comida, ya que la comida está magnetizada por los sentimientos del cocinero, así como recibe las cargas magnéticas de lo que piensas y sientes en el momento de comer. Comes lo que piensas y respiras tus propios sentimientos.

Ama los árboles, ama todo el mundo vegetal, y ella te devolverá el amor que recibió en salud, para tu felicidad.

VISITA A LOS ENFERMOS

Cuando el amor comienza a despertar en el corazón de la criatura, los días se acortan en las obligaciones que trae el deber, porque sostiene al alma en todas sus luchas, con el néctar de la vida. Quien ama se compadece de quien sufre, ayuda a los enfermos a creer en la esperanza y haz sonreír a los afligidos; protege a los niños, ayuda a los ancianos, visita a los encarcelados y anima a quienes se solidarizan con el bien de la comunidad. Nunca olvides a los que se encuentran en camas de hospital, a veces con enfermedades incurables.

Dentro de una casa de salud, existen muchos espíritus de alta categoría espiritual, en diferentes funciones para equilibrar a todo aquel que allí sufre, en busca de la salud del cuerpo y el bienestar del alma. Sin embargo, en la casa del hospital hay muchos espíritus emocionalmente desequilibrados, como terribles vengadores que absorben por todos los medios a sus víctimas, utilizando su astucia despertada por el odio.

El valor de visitar a los enfermos es inestimable, en el sentido que el cariño y la alegría, la fraternidad y el amor del visitante ayudan a purificar el ambiente del ambiente, alejando o ayudando a alejar los elementos negativos que se acumulan en la casa de tratamiento. Y, más aun, las buenas intenciones de los visitantes, a través de la fuerza de la caridad, atraerán compañeros espirituales de la misma dimensión del bien, formando una corriente de luz, donando fluidos altamente curativos, que inmediatamente se sintonizan con el torrente sanguíneo del paciente, vitalizando todo tu ser, en el proceso común de irrigación. Así como existen donantes de sangre, más propiamente existen donantes de magnetismo celestial, que restauran todo a través de los propios canales del paciente, dejando en su mente una tranquilidad nunca antes disfrutada.

Cuando visitas a un enfermo, te estás curando a ti mismo también, por medios que a veces no lo sabes; sin embargo, el corazón comprende y la conciencia registra, donde el amor obra desinteresadamente.

El paciente casi siempre se encuentra en una actitud negativa, debido a la influencia de su condición o a la actitud indiferente de enfermeras y médicos, que no tienen en cuenta el poder del pensamiento positivo y la alegría de un corazón lleno de esperanza.

La Doctrina Espírita es una academia de luces, de donde provienen recursos para todo tipo de sufrimiento, ya que revela la verdad de la vida después de la tumba.

La ciencia de la comunicación entre los espíritus y los hombres sigue una progresión, para perfeccionarse cada vez más, para entenderse mejor con quienes viven en la Tierra utilizando un cuerpo físico. Y, cuando estás en cama, enfermos, tus sensibilidades se agudizan, facilitando los intercambios con los espíritus que, a veces, buscan ansiosamente hablar con quienes viven dentro de las ataduras de la carga fisiológica.

Sé inteligente y trabajador en el campo de la curación. Ve a meditar, lee y habla con los más experimentados en este arte de curar a la manera espírita, y pronto aprenderás los procesos para brindar bienestar a quienes sufren, si no curar sus enfermedades.

Puedes, sin el fanatismo que distorsiona los mejores ideales, visualizarte como si estuvieras rodeado de un aura luminosa, verde esmeralda con vetas de amarillo solar y, al cabo de unos minutos, proyectar mentalmente estos recursos sobre el enfermo, imaginándolo rodeado de esta luz y sintiendo el consuelo que sienten las personas sanas. No olvides el amor y la alegría en estos momentos, así como la oración. Tus deficiencias, por falta de mayor conocimiento sobre la materia, serán superadas mediante la intuición, porque la caridad abre las puertas del cielo, de donde vendrán los ángeles a consolar a los hombres.

Visita a los enfermos, para que la salud habite en tu cuerpo y domine tu corazón.

LAS FLORES

Las flores son la sonrisa de la naturaleza, mostrando la grandeza de Dios, a través de la ciencia divina.

Intenta analizar una flor, en su máxima expresión, que la belleza encantará tus sentimientos y a través de ellos, en la sensibilidad propia de tu estado, comenzarás a percibir el amor del Creador, manifestándose por las plantas. Las flores son convergencias que la energía cósmica expande dentro de la tierra, en el aire y a través de los rayos del Sol, computando fuerzas y seleccionando valores para que el hombre comprenda y perciba la bondad de Dios.

Un famoso poeta dijo una vez que "la flor es el símbolo del amor." Y esta expresión es verdaderamente cierta, porque no hay nadie que no sienta, en lo más profundo de su corazón, alegría al encontrar flores, ni sensibilidad amorosa al ser obsequiadas con ellas.

Cuando una persona deja la Tierra hacia el Más Allá, a través de los procesos de desencarnación, inmediatamente recordamos las flores, en el sentido de aliviar la tristeza de familiares y amigos. También en los cementerios es un proceso para aliviar tensiones, ya que las almas aun no comprenden la ley que transforma todo en el gran laboratorio de la vida. Podemos decir que el perfume es una manifestación de la flor, recordándonos su presencia donde se solicita la alegría, donde la afinidad comienza a florecer en el corazón de quien ama. La sonrisa del árbol tiene otros valores y uno, entre los más apreciados, es el de curar enfermedades. Ya trae en sí la esencia de la madre Naturaleza, buscada en el suelo, la atmósfera y el Sol, su mayor riqueza curativa, que los hombres aun no han podido aprender, porque no respetan los derechos de sus semejantes.

Los laboratorios, en la fase actual de la Humanidad, nos recuerdan que el oro y la codicia estropean todos los sentimientos de fraternidad. En las residencias de ancianos, lo primero que piensan los directivos es si el paciente tiene recursos económicos. Es en este sentido que casi todos los científicos, especialmente los dedicados a la ciencia de la curación, se han olvidado de las religiones y dicen que el Evangelio es agua azucarada, que ya está anticuado. ¡Qué equivocados están! El tiempo está dominado por el Evangelio, pues sus conceptos han superado el tiempo y el espacio, al abarcar todas las dimensiones de la vida y al enseñar algo de suma importancia en la vida del espíritu, expresado en una sola palabra: amor. La experiencia de esta virtud casi no existe en los hospitales, que deberían valorar el nombre de hospitalidad.

Hijos míos, amen las flores, ellas responderán a su cariño con una gama de ondas emitidas constantemente. Bajo la luz del Sol y el fluir de las estrellas, no hay nada en el mundo, ni siquiera los llamados seres inanimados, que puedan resistirse a la hermandad. La estima que busca el objeto o alma involucrada en el ambiente del amor, sin que exista apego, reconstruye fuerzas y restablece desequilibrios a través de procesos de intercambio, aunque no pensemos en ello. Las leyes de estos intercambios operan en la más profunda justicia. Si pensamos en la ganancia cuando damos, emitiremos fuerzas de egoísmo que detendrán la donación. Nuestra exigencia es la falta de confianza en la gran oferta, que nunca nos deja en estado de carencia; sin embargo, debemos aprender a buscarla. Todo existe en abundancia en la casa de Dios, y es nuestra responsabilidad aprender a encontrarlo.

No dejes de sonreírle a una flor, porque ella ya te sonríe. Tu salud será cuidada según tu comportamiento ante la vida.

PLANTACIÓN

Nuestra vida es una plantación eterna; la conciencia, la inmensa finca, donde se depositan las semillas como todas nuestras acciones. Debemos ordenar nuestros sentimientos cada día, examinarlos, antes que se conviertan en palabras y acciones porque, como nada se pierde, todo crece y se hace más grande frente a su propio creador y comienza a convivir con él.

Trabajemos en elegir lo que vamos a sembrar, especialmente cuando la siembra está en la mente de otros. La palabra es semilla y la escucha de los demás es el canal por el que lanzamos lo que dará frutos y gran parte de la responsabilidad es nuestra, por lo que depositamos en las tierras de nuestros compañeros.

Aprendamos, pues, a plantar con discernimiento, a cosechar alegría. La justicia no falla; solo da a quien lo merece y ofrece a quien lo necesita. Quien siembra bondad, cosecha cortesía; quien siembra bondad, cosecha buenos modales; quien siembra afecto, cosecha comprensión. Todo en el Universo tiende a unirse con su igual.

No olvides, compañero, traer el bien en todos los ámbitos de la vida, ya sea una simple sonrisa a una persona triste es salvar a la nación de una catástrofe. No importa el tamaño de lo que haces, lo que importa es la forma en que lo haces y lo sientes en tu corazón. Jesús encontró el denario puesto en el tesoro por la viuda que solo tenía la moneda que donaba valía más que las ricas ofrendas de los hombres ricos.

La vida es una siembra continua, del hogar al trabajo y de allí a la sociedad. Dondequiera que vayamos, dejamos nuestra huella como espíritu bueno o alma ignorante.

Debemos elegir y escoger en las normas que nos enseña el Evangelio, y como lo hicieron sus primeros seguidores. No hay dónde esconderse de las reacciones de nuestras acciones, ya que dejan el magnetismo interconectado en la conciencia de quienes las practican, ya que lo que moldeamos en nuestro interior está escrito en el éter cósmico. Somos responsables de lo que hacemos, porque lo que sale de nosotros regresa a nuestro hogar mental, a veces reforzado por empresas afines. Planta moderación y recibirás apacibilidad; planta prudencia, y recibirás modestia; planta la sobriedad y recibirás tolerancia.

Sé una criatura moderada, que una mayor inteligencia, por caminos seguros, te dará una paz imperturbable en los caminos que el Señor te ha dado para recorrer.

Debes planificar, por todos los medios legales posibles, sembrar el bien con Jesucristo, para que Dios despierte en nosotros los talentos divinos que están en el centro de nuestras vidas. Compartamos con mayor comunión, que la paz crecerá en nuestros pasos.

Si la oportunidad te ofrece formas de ayudar, no lo dejes para otro día: hazlo hoy, ahora, porque esto es luz en manos del trabajador, luz que no debe desperdiciarse.

Observa la naturaleza, generosa y santa, y copia sus gestos en donación universal, vibrando solo en la acción de servicio.

Tu boca es como una mano de luz, que puede sembrar palabras en forma de semillas, por eso analiza lo que dices a los demás, para que no plantes desarmonía, odio, venganza, celos y discordia. Cuida tus oídos, siguiendo lo que escuchas, porque es legal que escuchemos todo; sin embargo, no siempre es correcto que nos dejemos influenciar por lo que escuchamos. Y para que seamos maestros en la selección, necesitamos tener a Cristo vibrando en nuestro pecho e irradiando en nuestro corazón, a través de la libre expresión de nuestros sentimientos.

La siembra es más o menos gratuita, pero la cosecha cae bajo la ley de obligación del alma que sembró.

CONVERSANDO

La palabra es un medio poderoso para ayudar a los demás; sin embargo, cuando está mal adaptada, crea innumerables problemas en todos los frentes donde deseamos avanzar. Cuidar nuestra palabra significa velar por nuestros propios valores, para no perder la oportunidad de servir con Aquel que es el camino, la verdad y la vida.

El verbo es un milagro de la naturaleza y, cuando se expresa en los ritmos de la consideración, el amor y la caridad, es una luz que brilla más que el mismo Sol. Es hablando que podemos enfermar y es hablando que podemos sanar, dependiendo de la forma en que usemos la palabra. Nuestros labios pueden ser un instrumento de Dios en el ejercicio de la paz, pero también pueden convertirse en un arma peligrosa para alentar la guerra. Escoge el camino con el Señor, aquel que te proporcione felicidad y que nunca más te permitirá estar en discordia. Al hablar con tus semejantes, no olvides la alegría que reconforta y predispone al organismo a la perfecta comunión con el orden del Universo.

Cuida tu palabra como cuidas tu cuerpo en el aseo diario. Es la luz de Dios puesta en tus labios, pero si te olvidas de estar alerta, se apagará y serás culpado de su disfunción. Establece reglas de conversación, para que no pierdas el tiempo simplemente hablando. Tu interlocutor también tiene derecho a hablar y, si tú no aprendes a escuchar también, no encontrarás a nadie que te escuche.

Estudia las leyes naturales, ellas te darán una idea perfecta de lo que debes hacer y cómo hacer uso de tus derechos, respetando los derechos de los demás. No se puede vivir solo, porque cada uno tiene algo que el otro necesita y todos juntos forman una unidad perfecta bajo Dios.

Cuando el dolor te busque, bajo cualquier condición, no blasfemes contra nada ni te entristezcas por su visita; intenta leer el mensaje que lleva, sin cruzarte de brazos y aceptando las condiciones que impone. Busca todos los tratamientos posibles, porque es en este compromiso de curación que Dios alivia nuestras desgracias y alivia nuestras cargas. Nunca pierdas la paciencia ni la fe, especialmente la fe, y aliméntate de esperanza. Si puedes, da el ejemplo de valentía a quienes te buscan, porque, en muchos casos, la persona supuestamente sana está más enferma que la que está en cama padeciendo determinadas enfermedades. No dejes que el miedo se apodere de tu mente con un simple dolor, que podría ser una advertencia, para que despiertes tu vigilancia. Hay diferentes maneras en las que podemos interpretar la enfermedad, siempre y cuando la comprendamos.

Hay muchos espíritus elevados en la Tierra, que han aceptado el dolor porque, sufriendo con paciencia, miles de sus admiradores soportan con valentía sus pruebas. Ayudan con el sufrimiento y se benefician mucho de él, porque el dolor sensibiliza más sus percepciones, de modo que sienten más la presencia de Dios, en las dimensiones en las que buscan vivir.

Hay mucho entre el cielo y la tierra por revelar; el tiempo es la llave que te abrirá puertas de vez en cuando.

Intenta mejorar tu conversación, ya que te ayudará a vivir mejor y a aliviar, si no a curar, las enfermedades de otras personas.

No renuncies a los itinerarios que has elegido seguir; recuerda que contigo hay una fuerza poderosa de Dios a tus órdenes, que se llama la palabra. Utiliza el verbo para estimular el bien; utiliza el verbo para calmar tensiones; utilízalo para sembrar concordia en todas las direcciones en las que puedas hablar, para que el cielo no esté lejos de ti.

Recuerda que Jesús le habló a Pablo en estos términos: *"Habla y no calles."* El Maestro sabía que Pablo hablaba con beneficio, hablaba ayudando a la liberación de las criaturas. Eso es lo que debes hacer: trabajar con la lengua a favor del bien común. Quien sirve a la comunidad agrada al mayor mando de todos los pueblos, porque obedece las leyes del Señor.

Es hablando que podrás encontrar tu propia felicidad, si has aprendido a hablar en la armonía de Cristo, bajo las bendiciones de Dios.

EXALTACIÓN A CRISTO

Pensando en Jesús, inmediatamente recordamos una estrella brillante, que descendió a la Tierra, renunciando a la más alta expresión de felicidad, como comandante en jefe de los ángeles, para ayudarnos a vivir unos con otros. ¿Sabes qué fuerza lo inspiró a descender de plano y llegar hasta nosotros? Fue la fuerza del amor.

Nuestro agradecimiento hacia este Sol que nos calienta debe ser ilimitado. Su aparición en el planeta fue como un esfuerzo colectivo de los ángeles, abriendo un camino en la oscuridad para que la luz besara el suelo accidentado del mundo. Exaltemos este nombre: Nuestro Señor Jesucristo, camino, verdad y vida para todo el rebaño que habita en esta casa de Dios.

Su grandeza es tal que se hizo hombre, para enseñar a los hombres. La excelencia de su palabra hizo comprender a las criaturas el valor de la convivencia y los vínculos de fraternidad entre sí. La dignidad de su carácter abrió nuevos medios de adaptación moral a la dimensión de la vida de cada persona. La fertilidad de sus virtudes enriqueció los corazones sensibles que lo acompañaron, predispuestos al amor universal. La magnitud de Su corazón de luz iluminó todos los entendimientos, sin exigencias que robaran el tesoro del bien. La nobleza de su palabra mostró la majestad de su personalidad, a través de lo que vivió, porque Él era por excelencia el Cristo que habría de venir, anunciado por todos los profetas, en diferentes tiempos y en diferentes lugares, porque Dios habla dondequiera que habla; es decir, por los recursos que a Él le conviene utilizar.

En la atmósfera espiritual de la Tierra se han instalado infinidad de casas refugio y colonias para los desencarnados, como bendiciones de Su magnífica presencia. ¡Qué bueno es ser grande en su corazón! ¡Cómo se expande la felicidad a través de la simbiosis del amor y la sabiduría! Todo esto ocurrió a través del descenso del Maestro de maestros a la Tierra y hasta ahora, después de casi dos mil años, ¿qué hemos hecho con lo que hemos aprendido? Es nuestro deber sacar fuerzas de la gran provisión de vida mayor y entregar nuestras manos a la obra de Cristo, sin perder tiempo en el pasado o en el futuro que pueda paralizar el presente. Debemos hacerlo ahora, ahora mismo, dando nuestros primeros pasos sobre las mismas huellas que los primeros cristianos que se hicieron uno con Jesús a través del amor. El tiempo es para la experiencia. La teoría es solo para mostrarnos el camino. Dado que nuestro tema general es la salud, queremos decir que Jesucristo es el símbolo de la salud perfecta. La vida del Divino Maestro es una vida saludable, ya que vibra dentro de las leyes creadas por el gran foco que sostiene toda la creación. Ajusta, hermano mío, tu vida en la vida de Cristo, quien tendrá, en tus manos, y en favor de tu alegría, la armonía de todo tu cuerpo, que sirve para el gran camino evolutivo del espíritu inmortal.

Cuando hablamos de exaltación de Cristo, suprimimos todo tipo de fanatismo que pueda distorsionar sus valores, los valores conquistados a través del tiempo. Donde reina el Maestro, no hace falta decir que la armonía está presente. Hablando de Jesús, todos nosotros tenemos el impulso de buscarlo inmediatamente, y eso es lo que pretendemos animar a los lectores: a buscarlo verdaderamente, pero queremos decir, por experiencia, donde Él es más visible: en el Evangelio.

Transcribamos el capítulo V. versículos 1 al 16, de Mateo, que dice:

"Cuando Jesús vio la multitud, subió al monte, y como si se hubiera sentado, se le acercaron sus discípulos, y comenzó a enseñarles, diciendo:

Bienaventurados los pobres de espíritu, porque de ellos es el reino de los cielo;

Bienaventurados los que lloran, porque serán consolados;

Bienaventurados los mansos, porque ellos heredarán la Tierra;

Bienaventurados los que tienen hambre y sed de justicia, porque serán saciados;

Bienaventurados los misericordiosos, porque ellos alcanzarán misericordia;

Bienaventurados los puros de corazón, porque ellos verán a Dios;

Bienaventurados los pacificadores, porque serán llamados hijos de Dios;

Bienaventurados los que sufren persecución por causa de la justicia, porque de ellos es el reino de los cielos;

Bienaventurados seréis cuando por mi causa os insulten y os persigan y digan toda clase de mal contra vosotros, falsamente. Alegraos y contentaos, porque vuestra recompensa es grande en los cielos, porque de esta manera persiguieron a los profetas que fueron antes de vosotros."

Éstos son los caminos donde puedes encontrar a Jesús y ser sanados por Él, de todos los males, en la integración del amor que sale de Su corazón, proveniente de Dios.

LA CIENCIA DE LA ORACIÓN

La oración es una ciencia divina, que todos podemos entender. Proviene de épocas remotas, superando el tiempo y escalando espacios.

Muchas cosas son olvidadas por los hombres; sin embargo, la oración permanece. Ella nos ayuda, en tiempos difíciles, a soportar y superar las dificultades. Ella observa nuestra llegada a la Tierra y también nuestra partida. Tanto los desencarnados como los que viven en el mundo de las formas lo utilizan como súplica o agradecimiento, ya que sirve a ambos planos de vida.

Jesús utilizó ampliamente la oración y enseñó a sus discípulos a orar, dándoles un modelo que quedó en la historia de todos los pueblos cristianos de la Tierra y que se ejerce con todo respeto en los planos que habitamos. La oración es una fuerza espiritual que nos empodera para todo trabajo y nos ayuda en todas las actividades que nos corresponde realizar.

Orar es una ciencia extremadamente divina. Cuando aprendamos sus valores reales, estaremos en posesión del verdadero camino de la iniciación, como camino a los mundos superiores. Con la oración llegamos a la dimensión superior, donde podemos beber el elixir de la larga vida y la sustancia que garantiza nuestra paz.

Quien ha aprendido a orar tiene siempre una sonrisa de satisfacción en los labios, no se queja de los acontecimientos, acepta todo lo que se le presenta, luchando por mejorar sin el derroche de la violencia. Quien se ha apegado a la oración no hace daño a nadie, ni ofende con insultos, porque el corazón vive en paz, la paz se gana en la oración bajo el mando del amor. Quien confía en la súplica nunca olvida su deber para con Dios y con los demás, y alimenta todo espíritu que fomente la fraternidad.

Este libro solo podría terminar sus sencillas páginas con algo sobre la oración, debido al respeto que tenemos por esta virtud, por este gesto de luz, en cuya difusión se esfuerzan todos los grandes espíritus.

Son muchos los espíritus que trabajan para anunciar el valor de la oración, así como, ciertamente, su gran ciencia. La oración no es lo que mucha gente piensa: palabras que salen de los labios, simples sonidos articulados. Es el vehículo a través del cual nos llega la energía divina, siempre y cuando los sentimientos estén en plena concordancia con el amor, altos conceptos de caridad, perdón y fraternidad universal. No hay verdadera curación sin oración. Por eso, en todos los métodos de curación, lo utilizamos para alcanzar el beso de la luz de Dios, que se transforma en nuestro pecho en magnetismo animal, para sanar a nuestros semejantes. Esta composición supremamente superior está hecha por la fuerza del amor. El trabajo es también oración, pero no podemos olvidar la oración de gratitud, que se eleva en busca del Creador en forma de reconocimiento.

Si todas las ciencias del mundo buscaran estudiar y comprender la ciencia de la oración, los caminos de la vida serían más fáciles de seguir y los ajustes científicos a sus directrices serían más seguros. Puede entrar en todo en el mundo, desde el amanecer en el conjunto de luchas de los campesinos hasta los altos cargos de los líderes de las naciones. La oración siempre nos ayuda a hacer lo mejor que podemos; es una ley espiritual y debe estar presente en todos los trabajos de la vida física.

Quienes oran según las líneas del Evangelio están llenos de esperanza y creen en los elevados conceptos del amor, compartiendo la paz con la fraternidad universal. Quien ora enciende una luz y quien conoce la ciencia de la oración descubre un sol, que es Dios en Jesús y Jesús en nosotros.

Grandes Éxitos de Zibia Gasparetto

Con más de 20 millones de títulos vendidos, la autora ha contribuido para el fortalecimiento de la literatura espiritualista en el mercado editorial y para la popularización de la espiritualidad. Conozca más éxitos de la escritora.

Romances Dictados por el Espíritu Lucius

La Fuerza de la Vida

La Verdad de cada uno

La vida sabe lo que hace

Ella confió en la vida

Entre el Amor y la Guerra

Esmeralda

Espinas del Tiempo

Lazos Eternos

Nada es por Casualidad

Nadie es de Nadie

El Abogado de Dios

El Mañana a Dios pertenece

El Amor Venció

Encuentro Inesperado

Al borde del destino

El Astuto

El Morro de las Ilusiones

¿Dónde está Teresa?

Por las puertas del Corazón
Cuando la Vida escoge
Cuando llega la Hora
Cuando es necesario volver
Abriéndose para la Vida
Sin miedo de vivir
Solo el amor lo consigue
Todos Somos Inocentes
Todo tiene su precio
Todo valió la pena
Un amor de verdad
Venciendo el pasado

Otros éxitos de Andrés Luiz Ruiz y Lúcio

Trilogía El Amor Jamás te Olvida
La Fuerza de la Bondad
Bajo las Manos de la Misericordia
Despidiéndose de la Tierra
Al Final de la Última Hora
Esculpiendo su Destino
Hay Flores sobre las Piedras
Los Peñascos son de Arena

Otros éxitos de Gilvanize Balbino Pereira

Linternas del Tiempo

Los Ángeles de Jade

El Horizonte de las Alondras

Cetros Partidos

Lágrimas del Sol

Salmos de Redención

Libros de Eliana Machado Coelho y Schellida

Corazones sin Destino

El Brillo de la Verdad

El Derecho de Ser Feliz

El Retorno

En el Silencio de las Pasiones

Fuerza para Recomenzar

La Certeza de la Victoria

La Conquista de la Paz

Lecciones que la Vida Ofrece

Más Fuerte que Nunca

Sin Reglas para Amar

Un Diario en el Tiempo

Un Motivo para Vivir

¡Eliana Machado Coelho y Schellida, Romances que cautivan, enseñan, conmueven y pueden cambiar tu vida!

Romances de Arandi Gomes Texeira y el Conde J.W. Rochester

El Condado de Lancaster

El Poder del Amor

El Proceso

La Pulsera de Cleopatra

La Reencarnación de una Reina

Ustedes son dioses

Libros de Marcelo Cezar y Marco Aurelio

El Amor es para los Fuertes

La Última Oportunidad

Nada es como Parece

Para Siempre Conmigo

Solo Dios lo Sabe

Tú haces el Mañana

Un Soplo de Ternura

Libros de Vera Kryzhanovskaia y JW Rochester

La Venganza del Judío

La Monja de los Casamientos

La Hija del Hechicero

La Flor del Pantano

La Ira Divina

La Leyenda del Castillo de Montignoso

La Muerte del Planeta

La Noche de San Bartolomé

La Venganza del Judío

Bienaventurados los pobres de espíritu

Cobra Capela

Dolores

Trilogía del Reino de las Sombras

De los Cielos a la Tierra

Episodios de la Vida de Tiberius

Hechizo Infernal

Herculanum

En la Frontera

Naema, la Bruja

En el Castillo de Escocia (Trilogía 2)

Nueva Era

El Elixir de la larga vida

El Faraón Mernephtah

Los Legisladores

Los Magos

El Terrible Fantasma

El Paraíso sin Adán

Romance de una Reina

Luminarias Checas

Narraciones Ocultas

La Monja de los Casamientos

Libros de Elisa Masselli

Siempre existe una razón

Nada queda sin respuesta

La vida está hecha de decisiones

La Misión de cada uno

Es necesario algo más

El Pasado no importa

El Destino en sus manos

Dios estaba con él

Cuando el pasado no pasa

Apenas comenzando

**Libros de Vera Lúcia Marinzeck de Carvalho
y Patricia**

Violetas en la Ventana

Viviendo en el Mundo de los Espíritus

La Casa del Escritor

El Vuelo de la Gaviota

**Vera Lúcia Marinzeck de Carvalho
y Antônio Carlos**

Amad a los Enemigos

Esclavo Bernardino

la Roca de los Amantes

Rosa, la tercera víctima fatal

Cautivos y Libertos

Libros de Mónica de Castro y Leonel

A Pesar de Todo

Con el Amor no se Juega

De Frente con la Verdad

De Todo mi Ser

Deseo

El Precio de Ser Diferente

Gemelas

Giselle, La Amante del Inquisidor

Greta

Hasta que la Vida los Separe

Impulsos del Corazón

Jurema de la Selva

La Actriz

La Fuerza del Destino

Recuerdos que el Viento Trae

Secretos del Alma

Sintiendo en la Propia Piel

Otros Libros de Valter Turini y Monseñor Eusébio Sintra

Isabel de Aragón, La reina médium

El Monasterio de San Jerónimo

El Pescador de Almas

La Sonrisa de Piedra

Los Caminos del Viento

Si no te amase tanto...

World Spiritist Institute

www.ingramcontent.com/pod-product-compliance
Lightning Source LLC
LaVergne TN
LVHW041812060526
838201LV00046B/1236